99 Nombres de Dios

Significado, Caligrafía y Color

Jannete Elgohary y Cintya Torres

Prólogo

Shaij Furhan Zubairi

Prólogo

En el nombre de Dios, el Compasivo con toda la creación, el Misericordioso con los creyentes. Que Su paz y bendiciones sean con nuestro amado Profeta y Mensajero Muhammad ﷺ.

Mantener las relaciones y darles los derechos que les corresponden es sumamente importante. Por eso es esencial entender la naturaleza de la relación y los fundamentos sobre los que se construye. La relación más importante que tenemos como seres humanos es nuestra relación con nuestro Señor y Creador Allah.

La relación de una persona con Dios es de sinceridad, de devoción, de sumisión, de servicio, y de obediencia. Dios es el Señor y los seres humanos somos Sus siervos. La base de la relación es el amor, que se expresa a través de la esperanza y el temor. Esperanza en la misericordia, el perdón, la gracia y las bondades de Dios y, al mismo tiempo, temor a Su ira, Su castigo y Su desagrado. Esta relación se alimenta aprendiendo sobre Dios a través de Sus Nombres y Atributos Divinos, reflexionando sobre Sus innumerables bendiciones y favores, y expresando gratitud por ellos.

Este libro, dedicado a la exploración y entendimiento de los bellos nombres de Dios, busca nutrir y profundizar nuestra relación con nuestro Creador. Cada uno de los noventa y nueve nombres de Dios reúne Sus atributos divinos, ofreciendo una puerta para comprender Su ilimitada misericordia, sabiduría y poder. Al profundizar en estos nombres divinos,

nos embarcamos en un viaje espiritual que fomenta el amor, la sumisión, la entrega y la obediencia, transformando nuestra conexión con Dios en una de profunda intimidad y devoción.

Entender los nombres de Dios es más que un ejercicio intelectual; es una invitación a experimentar lo divino en nuestra vida diaria. Cada nombre revela una faceta de la naturaleza de Dios, guiándonos a reflexionar sobre Su presencia en cada momento. Este libro tiene por objeto iluminar estos atributos de los nombres divinos, ayudando a los lectores a interiorizarlos y encarnarlos en sus acciones y corazones. Que este viaje a través de los nombres de Dios inspire un amor profundo y duradero por nuestro Creador, conduciéndonos a una vida de sumisión sincera, entrega completa y obediencia inquebrantable a Su voluntad.

Shaij Furhan Zubairi

¿QUIÉN ES ALLAH?

El nombre de "Allah" es la palabra árabe para Dios, el Único digno de adoración, el Todopoderoso, Creador y Sustentador del universo. "Allah" es el nombre para referirse al único Dios supremo. Dios es la realidad última que da sentido y propósito a nuestras vidas. Este término engloba todos los atributos divinos perfectos, como la misericordia, la sabiduría y el poder.

Conocer a Dios, "Allah", es descubrir la fuente de todo amor, compasión y bondad, y al rendirnos a su voluntad, encontramos la paz espiritual y la plenitud que los seres humanos anhelamos en lo más profundo de nuestro ser.

1. "AR-RAHMAN", EL MÁS MISERICORDIOSO

Este nombre refleja uno de los aspectos más fundamentales de la naturaleza divina: la Misericordia. "Ar-Rahman" trasciende la simple misericordia; implica una compasión profunda y universal que abarca a todas las criaturas en todo momento y circunstancia. Dios, es el Ser cuya misericordia se extiende a todas las cosas creadas, independientemente de sus condiciones. Esta misericordia es una expresión de Su infinito amor y compasión hacia Su creación. Este atributo deja claro que Dios es El Benefactor, El que desea la bondad y la misericordia para todas Sus criaturas. Su misericordia es incondicional y siempre está disponible para aquellos que la buscan sinceramente. No se limita a aquellos que son justos o piadosos, sino que se extiende a todos, independientemente de su estatus o circunstancias. Por lo tanto, el nombre "Ar-Rahman" nos invita a acercarnos a Dios con confianza y esperanza, sabiendo que Su misericordia es infinita y siempre está disponible para nosotros cuando la buscamos.

2. "AR-RAHIM", EL COMPASIVO

"Ar-Rahim" es otro de los nombres de Dios que refleja Su misericordia y compasión, pero con un enfoque particular en la relación específica y constante que Él tiene con aquellos que creen y siguen Sus mandamientos. Cuando llamamos a Dios "Ar-Rahim", reconocemos Su inmensa bondad y cuidado por nosotros, Sus siervos. Esta bondad se expresa de diversas maneras, como el perdón de nuestros pecados cuando nos arrepentimos, la guía por el camino recto, la protección frente a los peligros, la provisión de sustento y bienestar, entre otras muchas formas de cuidado y beneficencia. La compasión de Dios como "Ar-Rahim" es continua y constante. No es algo que se gane o se agote; es un don divino que Dios nos concede con Su generosidad. Reconocer a Dios como "Ar-Rahim" nos llena de esperanza y confianza, porque sabemos que Su misericordia está siempre a nuestro alcance como creyentes. Nos da consuelo y nos fortalece en tiempos difíciles, recordándonos que nunca estamos solos y que siempre podemos confiar en Él.

3. "AL-MALIK", EL REY Y DUEÑO DEL DOMINIO

Este nombre significa la absoluta autoridad y control de Dios sobre todas las cosas. "Al-Malik" posee el derecho exclusivo de gobernar y decidir sobre todo. Al referirnos a Dios como "Al-Malik", reconocemos Su posición como El Único Gobernante Supremo del Universo, El Rey sin par cuya soberanía se extiende a todos los rincones del cosmos, desde las profundidades de la tierra hasta los cielos más altos. Su voluntad es suprema y Su juicio es indiscutible. Todo lo que sucede en el universo está bajo Su control y planificación divinos. Reconocer a Dios como "Al-Malik" nos lleva a someternos humildemente a Su soberanía y a confiar en Su infinita sabiduría en todos los aspectos de nuestra vida. Nos da la seguridad de que estamos bajo el cuidado y la guía del Rey Supremo, y nos anima a rendirnos completamente a Su voluntad.

4. "AL-QUDDUS", EL ABSOLUTAMENTE PURO

Este nombre demuestra la pureza absoluta de Dios. Él es completamente puro y libre de cualquier defecto o imperfección. Dios representa la esencia misma de la perfección moral y la santidad. Este nombre nos enseña que Dios está completamente separado de todo mal y corrupción, y que Su esencia es intachable y santificada. La santidad de Dios como "Al-Quddus" trasciende nuestra comprensión humana, y nos invita a acercarnos a Él con reverencia y humildad. Reconocer a Dios como "Al-Quddus" nos ayuda a cultivar una relación más íntima con Él, basada en el respeto y la adoración de Su naturaleza santa y pura. Nos inspira a buscar la pureza en nuestras propias vidas para acercarnos más a Él.

5. "AS-SALAM", FUENTE DE PAZ Y SEGURIDAD

Dios es la fuente última de paz, tranquilidad y seguridad, Su naturaleza está libre de conflicto y discordia. Los creyentes encuentran consuelo y protección al buscar a Dios, experimentando paz y seguridad en sus vidas. Cuando invocamos a Dios como "As-Salam", reconocemos Su papel como fuente de paz y seguridad. En tiempos de adversidad, acudimos a Él, sabiendo que tiene el poder de disipar el miedo y la incertidumbre. Su presencia aporta una sensación de calma y tranquilidad, dándonos la certeza que estamos protegidos bajo Su cuidado. Llamar a Dios por Su nombre "As-Salam" nos permite experimentar la paz y la tranquilidad que sólo Él puede proporcionar. Reconocer a Dios como "As-Salam" nos invita a buscar Su presencia en nuestras vidas y a confiar en Su promesa de paz y seguridad duraderas. En un mundo lleno de caos y turbulencia, encontrar la paz en Dios nos ofrece un santuario y nos ayuda a navegar por los desafíos de la vida con serenidad y confianza.

6. "AL-MU'MIN", EL DADOR DE LA FE

Este nombre subraya la capacidad de Dios para proporcionar seguridad y proteger la fe de los creyentes, quienes encuentran consuelo y seguridad confiando en Su promesa. Cuando nos referimos a Dios como "Al Mu'min", reconocemos Su papel a la hora de infundir fe en los corazones de los creyentes y protegerlos de la duda y de la incertidumbre. Él mismo da testimonio de que no hay más Dios que Él, y en esa afirmación encontramos la certeza y la seguridad que necesitamos para mantener nuestra fe inquebrantable.

Este nombre destaca la capacidad de Dios para proporcionar seguridad y proteger la fe de los creyentes en un mundo lleno de desafíos y pruebas. Al confiar en la promesa de Dios como "Al -Mu'min", los creyentes encuentran consuelo y tranquilidad, sabiendo que Él está siempre presente para fortalecer su fe y guiarlos por el camino de la rectitud. "Al -Mu'min" nos da la confianza para afrontar los retos de la vida con valor y determinación, sabiendo que Él está con nosotros en todo momento como El Dador de la Fe que guarda nuestros corazones con amor y cuidado.

7. "AL-MUHAYMIN", EL GUARDIÁN, EL TESTIGO

Dios es El Guardián, El Testigo y El Protector de Su creación. El está siempre vigilante y cuida de Sus siervos. Este nombre también implica que Dios es testigo de todo lo que ocurre en el universo y que nada ocurre sin que Él lo sepa. Saber que Dios vigila y cuida de todo da a los seres humanos la confianza necesaria para afrontar los retos de la vida con valor y esperanza. Dios es el Guardián y Protector de todo lo que ha creado. Su cuidado y vigilancia están presentes en todos los aspectos de nuestras vidas, desde los momentos de alegría hasta los de dificultad.

Reconocer a Dios como "Al-Muhaymin" nos proporciona la confianza necesaria para enfrentar las pruebas de la vida con valentía. Saber que Dios lo vigila todo nos da tranquilidad y seguridad. Nos inspira a vivir con integridad y atención, sabiendo que nuestros actos son observados.

8. "AL-AZIZ", EL TODOPODEROSO

Dios posee un poder absoluto e inigualable. Como "Al-Aziz", Él es invencible y supremo en Su autoridad. Su poder no conoce límites y es capaz de realizar cualquier cosa que desee. Cuando nos referimos a Dios con este nombre, reconocemos Su invencibilidad y supremacía en todos los aspectos. Él es el Ser cuyo poder no puede ser desafiado o igualado por ninguna otra fuerza en el universo; Su autoridad es absoluta y Su dominio es eterno.

Este nombre nos recuerda que Dios es capaz de lograr cualquier cosa que desee; Su poder no tiene límites y puede superar cualquier obstáculo. Como Todopoderoso, Él trae luz en medio de la oscuridad, esperanza en medio de la desesperación y victoria en medio de la adversidad. Reconocer a Dios como "Al-Aziz" nos llena de reverencia y temor ante Su infinita grandeza y poder. Nos inspira confianza en Su promesa de ayuda y apoyo inquebrantables, fortaleciéndonos para afrontar cualquier situación con la certeza de que Él puede superar cualquier obstáculo en nuestro camino.

9. "AL-YABBAR", EL RESTAURADOR

Dios tiene el poder de restaurar y corregir lo que está roto. También posee un poder reparador que trasciende cualquier limitación humana. Tiene la capacidad de corregir los errores, enderezar lo torcido, y restablecer el equilibrio y la armonía en el cosmos. Cuando nos referimos a Dios como "Al-Yabbar", estamos reconociendo Su autoridad indiscutible y Su capacidad para reparar cualquier situación. Él tiene el poder de restaurar lo que está dañado, sanar lo herido y corregir lo incorrecto. Su autoridad es absoluta y Su voluntad es indiscutible.

Reconocer a Dios como "Al-Yabbar" nos llena de confianza y esperanza, sabiendo que tenemos al Todopoderoso a nuestro lado, restaurando y corrigiendo todo lo que está fuera de lugar en nuestras vidas. Confiamos en Su promesa de ayuda y apoyo, y enfrentamos cualquier situación con la certeza de que Él es capaz de restaurar y corregir lo que sea necesario.

10. "AL-MUTAKABBIR", EL DOMINANTE

Dios es supremo en Su grandeza y superioridad. Como "Al Mutakabbir", Él está por encima de todas las cosas y no tiene igual. Su grandeza trasciende toda comprensión humana y Su autoridad es absoluta. Está por encima de toda la creación y Su grandeza es incomparable. Reconocer a Dios como "Al-Mutakabbir" nos llena de reverencia y asombro ante Su majestad, inspirándonos a someternos humildemente a Su soberana autoridad. Nos ayuda a cultivar una relación más profunda con Él, basada en la reverencia y el respeto a Su supremacía, impulsándonos a adorarle con humildad y devoción como Ser Supremo y Soberano.

11. "AL-JALIQ", EL CREADOR

El Creador destaca la capacidad divina de manifestar la existencia, a partir de la nada. Este nombre no sólo subraya el acto de la creación, sino también el poder y la autoridad absolutos de Dios sobre todas las cosas. Implica que todas las creaciones de Dios son perfectas en diseño y propósito, reflejando Su sabiduría y perfección. Reconocer a Dios como "Al-Jaliq" invita a reflexionar sobre la belleza y la complejidad de la creación, lo que puede conducir a un mayor asombro y gratitud hacia Él. En última instancia, este nombre subraya la singularidad de Dios como origen y fuente de toda existencia, inspirando un profundo respeto y reverencia hacia Él.

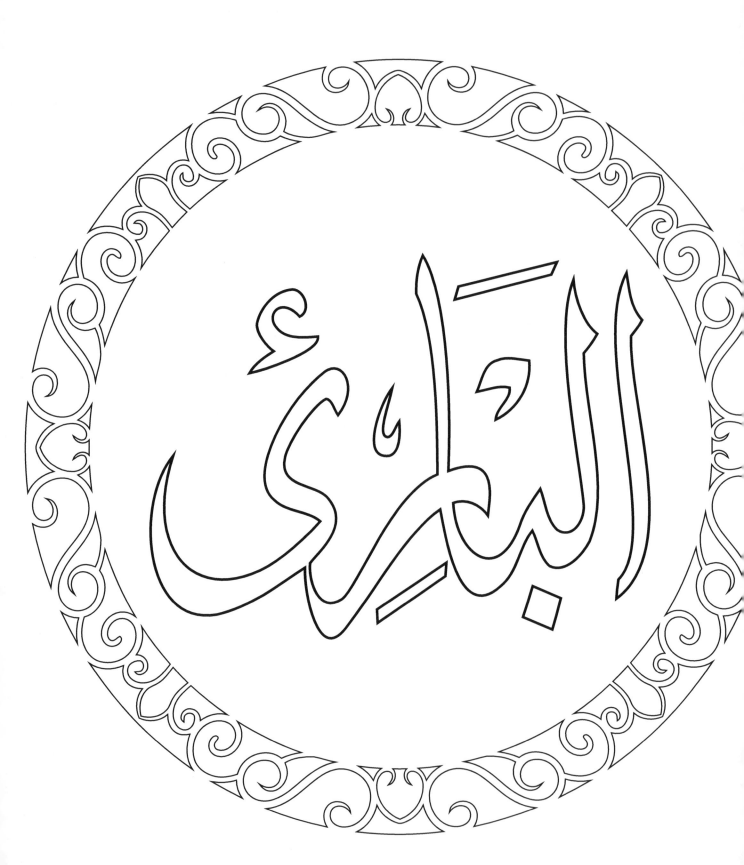

12. "AL-BARI", EL ORIGINADOR

Este nombre demuestra la capacidad de Dios para dar forma y moldear la creación de maneras maravillosas y diversas. Dios es quien da origen a todas las cosas y las trae a la existencia según Su voluntad. "Al Bari" revela una profundidad de significado que abarca tanto lo físico, como lo espiritual y emocional. Al llamar a Dios, "Al-Bari", reconocemos Su capacidad para infundir belleza, armonía y propósito a todos los aspectos de la existencia. Nos invita a reflexionar sobre la magnitud de Su creatividad y la profundidad de Su amor por Su creación. Este nombre es un recordatorio de que Dios diseña cada detalle con precisión y cuidado, y que cada ser del universo lleva su sello distintivo.

Reconocer a Dios como El Originador nos lleva a contemplar nuestra propia existencia y nuestro lugar en el vasto tapiz de la creación, despertando un sentimiento de asombro y gratitud hacia El Creador supremo.

13. "AL-MUSAWWIR", EL MODELADOR DE LA BELLEZA

Dios ha dotado a Su creación de una belleza incomparable, desde la delicada estructura de una flor hasta la majestuosidad de una montaña, cada aspecto del universo refleja Su grandeza. Como "Al-Musawwir", Dios infunde belleza en todas Sus obras, recordando a los creyentes Su aprecio por la estética y la armonía. Además de esto, la creación de Dios es perfecta en su diseño y funcionalidad. Cada forma, relación y función del universo ha sido cuidadosamente ejecutada y planeada por el Creador. Como "Al-Musawwir", Dios ha creado un mundo que funciona en perfecto orden y equilibrio, demostrando Su cuidado y sabiduría en cada detalle.

Reconocer a Dios como "Al-Musawwir" invita a los creyentes a contemplar y apreciar la belleza y la perfección del mundo que les rodea, recordando el amor divino por la estética y la armonía.

14. "AL-GHAFFAR", EL PERDONADOR

"Al-Gaffar", revela la esencia misericordiosa y compasiva de Dios en Su relación con la humanidad. Este nombre demuestra la capacidad divina de perdonar los pecados de Sus siervos una y otra vez, sin importar la gravedad o frecuencia de sus faltas. Dios es abundantemente misericordioso, y Su perdón es una expresión de Su infinito amor por Sus creaciones. Como "Al-Ghaffar", Dios siempre está dispuesto a perdonar a quienes se arrepienten sinceramente y buscan Su misericordia. Su indulgencia no conoce límites, y Su perdón está disponible para todos, independientemente de su pasado o de sus errores.

Este nombre nos recuerda que, incluso en medio de nuestras debilidades y transgresiones, siempre podemos acudir a Dios en busca de perdón. *Al Ghaffar* nos invita a cultivar humildad y gratitud hacia Dios por Su generosidad y compasión, y a vivir nuestras vidas en armonía con Su voluntad, confiando en Su infinita capacidad de perdonar y restaurar. Reconocer a Dios como "Al-Ghaffar" nos reconforta y nos da esperanza, recordándonos que Su perdón está siempre al alcance de quienes buscan sinceramente la reconciliación con Él.

15. "AL-QAHHAR", EL GRAN DOMINADOR

Como "Al-Qahhar", Dios es El Supremo Dominador que prevalece sobre todas las criaturas y circunstancias. Su autoridad es indiscutible y Su poder es absoluto. Ninguna fuerza del universo puede resistirse a Su dominio. La creencia en "Al-Qahhar" es un recordatorio de la humildad humana ante la grandeza divina. Los creyentes reconocen que, a pesar de su propia voluntad y poder limitados, Dios es el verdadero Dominador y Amo del universo. Esta conciencia fomenta la sumisión y la humildad ante la voluntad de Dios.

Reconocer a Dios como "Al-Qahhar" implica aceptar humildemente nuestra posición de criaturas subordinadas y esforzarnos por vivir en armonía con Su perfecta voluntad. Nos recuerda que, aunque nos enfrentemos a retos y dificultades en la vida, podemos encontrar consuelo y fortaleza en el conocimiento de que Dios es El Gobernante supremo que prevalece sobre todas las cosas. Su poder nos brinda la certeza de que, bajo Su dominio, ninguna adversidad es insuperable.

16. "AL-WAHHAB", EL OTORGADOR SUPREMO, EL DADOR DE DONES

"Al-Wahhab" encierra la incomparable generosidad de Dios hacia Sus criaturas. Este nombre demuestra la naturaleza desinteresada y abundante del amor divino, que se manifiesta a través de Su continua provisión y benevolencia. Dios es quien concede incesantemente favores, bendiciones y dones a quienes Le buscan con sinceridad y devoción. Como "Al-Wahhab", Él es la fuente de toda bondad y beneficencia, y Su generosidad no conoce límites. Reconocer a Dios por este nombre nos invita a reflexionar sobre la abundancia de Su gracia y a sentir una humilde gratitud por Su constante generosidad en nuestras vidas. Nos inspira a vivir con gratitud y a compartir los dones que recibimos de Él con generosidad hacia los demás. Además, "Al-Wahhab" nos recuerda que el mayor regalo que podemos recibir es la guía de Dios, y nos anima a buscar una relación más profunda con Él para experimentar plenamente Su infinita generosidad y amor.

17. "AR-RAZZAQ", EL PROVEEDOR

Este nombre revela la esencia sustentadora y bondadosa de Dios hacia Su creación, demostrando la abundancia y la generosidad divina al garantizar el sustento y las necesidades de todas las criaturas. Dios es el Proveedor supremo que nutre y alimenta todo lo que existe en el universo. Su provisión es ilimitada y Su cuidado se extiende a todo ser viviente. Como "Ar-Razzaq", Dios es la fuente inagotable de toda provisión y abundancia, y Su gracia sustenta la vida misma.

Reconocer a Dios por este nombre nos invita a confiar en Su bondad y providencia en todas las circunstancias. Nos inspira a vivir con gratitud y a compartir generosamente con los demás los recursos que recibimos de Su generosidad. En definitiva, "Ar-Razzaq" nos recuerda que Dios es nuestro sostén y proveedor constante, y nos impulsa a depender de Su infinita misericordia y amor para nuestras necesidades físicas y espirituales.

18."AL-FATTAH", EL ABRIDOR

Este nombre revela la naturaleza benevolente y providencial de Dios al despejar caminos hacia el éxito y la claridad en asuntos tanto mundanos como religiosos para Sus siervos. "Al- Fattah" demuestra la capacidad divina de abrir puertas aparentemente cerradas y facilitar el acceso a oportunidades, soluciones y conocimientos. Dios es quien despeja los obstáculos y revela las respuestas, guiando a Sus creyentes hacia la comprensión y la realización de sus aspiraciones. Como "Al-Fattah", Él es el Soberano que concede apertura y discernimiento, permitiendo a Sus siervos avanzar en sus vidas con confianza y propósito.

Reconocer a Dios por este nombre nos invita a confiar en Su sabiduría y providencia en todas las situaciones, tanto mundanas como espirituales. Nos inspira a buscar Su guía en los momentos difíciles y a agradecerle las oportunidades que nos brinda para crecer y prosperar. En última instancia, "Al-Fattah" nos recuerda que Dios abre los caminos hacia el éxito y la plenitud, y nos anima a acercarnos a Él con humildad y gratitud en busca de guía y ayuda.

19. "AL-'ALIM", EL OMNISCIENTE

"Al-'Alim" revela la omnisciencia divina y la profundidad de la sabiduría de Dios. Este nombre demuestra la capacidad absoluta de Dios para conocer todas las cosas, desde las más evidentes hasta las más ocultas. Él conoce cada detalle, pensamiento y acontecimiento del universo, sin que nada escape a Su conocimiento. Como "Al-'Alim", Dios posee una comprensión completa y perfecta que abarca el pasado, el presente y el futuro. Su conocimiento no está limitado por el tiempo o el espacio, y Su sabiduría es infinita.

Reconocer a Dios por este nombre nos invita a confiar en Su comprensión divina y a encontrar consuelo en Su cuidado omnisciente sobre nosotros. Nos inspira a buscar Su guía y a confiar en Su sabiduría en todas las circunstancias de la vida. En definitiva, "Al-'Aleem" nos recuerda que Dios es el Conocedor supremo de todas las cosas y nos insta a acercarnos a Él con humildad y reverencia en busca de guía y comprensión.

20. "AL-QAABID", EL MODERADOR

"Al-Qaabid" revela la capacidad divina de Dios para ejercer control sobre todas las fuerzas, tanto positivas como negativas, del universo. Este nombre demuestra el poder supremo de Dios para regular el bien y el mal según Su sabiduría y propósito divinos. Como "Al-Qaabid", Dios tiene el poder de limitar y restringir el alcance y la influencia del bien y del mal en el mundo. Puede permitir que el bien florezca en determinados momentos y lugares, al tiempo que restringe la propagación del mal para proteger a Sus creyentes. Este atributo divino nos enseña que, aunque el mal existe en el mundo, Dios siempre está presente para controlarlo y limitarlo según Su voluntad.

Reconocer a Dios como "Al-Qaabid" nos inspira a confiar en Su soberanía y buscar Su protección y guía en todo momento. En última instancia, este nombre nos recuerda que Dios tiene el poder supremo sobre todas las cosas, y Su control sobre el bien y el mal refleja Su infinita sabiduría y misericordia.

21. "AL-BAASIT", EL EXTENSOR

El nombre de Dios, "Al-Baasit" o El Extensor, encierra un profundo significado que refleja Su atributo divino de generosidad y misericordia expansivas. Dios, en Su infinita sabiduría y poder, extiende Sus bendiciones y provisiones a toda Su creación. Este nombre refleja Su capacidad para ensanchar caminos, abrir corazones y aliviar dificultades. "Al-Baasit" amplía el entendimiento, concede alivio en tiempos de penuria y extiende los límites de lo posible. Su misericordia se extiende ampliamente, abarcando todas las almas y necesidades.

A través de este nombre, se nos recuerda que busquemos Su ayuda en tiempos de restricción, confiando en Su promesa de extender el alivio y la oportunidad. Reflexionar sobre "Al-Baasit" inspira gratitud por las provisiones y oportunidades que Él nos ofrece, guiándonos a abrir nuestros corazones a Su ilimitada misericordia y gracia.

22. "AL-JAFID", EL REDUCTOR

El nombre de Dios, "Al-Jafid" o El Reductor, transmite un aspecto profundo de Sus atributos divinos. Este nombre significa el poder de Dios para humillar, rebajar o reducir lo que necesita ser rebajado, ya sea arrogancia, dificultades o cargas. "Al- Jafid" nos enseña la importancia de la humildad y la sumisión ante Él. Nos recuerda que Dios, en Su sabiduría, puede reducir ciertos aspectos de nuestras vidas o circunstancias para elevarnos espiritualmente y acercarnos a Él. Este nombre inspira reflexionar sobre la naturaleza transitoria de los asuntos mundanos y la necesidad de confiar exclusivamente en la guía y la misericordia de Dios.

"Al- Jafid" nos anima a abandonar el orgullo y abrazar la humildad, reconociendo que la verdadera elevación proviene de buscar Su complacencia y seguir Su camino. En tiempos de desafíos o dificultades, reflexionar sobre "Al-Jafid" nos recuerda que Dios tiene el poder de aliviar las dificultades y reducir los obstáculos, guiándonos hacia una conexión más profunda con Él y un crecimiento espiritual más significativo.

23. "AR-RAAFI'", EL EXALTADOR

El nombre de Dios, "Ar-Raafi'" o El Exaltador, tiene un profundo significado, reflejando Su atributo divino de elevar, aumentar y exaltar. Dios, en Su infinita sabiduría y misericordia, eleva a aquellos que Le buscan, elevando sus rangos espirituales, concediéndoles honor y otorgándoles bendiciones. "Ar-Raafi'" nos inspira a luchar por la excelencia y la rectitud, sabiendo que Dios tiene el poder de elevarnos por encima de nuestras limitaciones y restricciones mundanas. Este nombre anima a reflexionar sobre el poder transformador de la fe, recordándonos que mediante la constancia y la devoción, Dios puede elevar nuestras circunstancias y guiarnos hacia el éxito.

En tiempos de duda o adversidad, contemplar "Ar-Raafi'" infunde esperanza y confianza, pues reafirma que Dios tiene la autoridad última para exaltar a Sus creyentes y recompensarlos con Su favor divino. Que siempre busquemos Su elevación y gracia, aspirando a vivir de acuerdo con Su voluntad, guiados por la luz de "Ar-Raafi'".

24. "AL-MU'IZZ", EL HONRADOR

El nombre de Dios, "Al-Mu'izz" o El Honrador, otorga honor, dignidad y respeto a Sus siervos. Dios, en Su infinita sabiduría y gracia, eleva y dignifica a aquellos que se dirigen a Él con sinceridad y obediencia. "Al-Mu'izz" nos inspira a buscar el honor a través de la rectitud y la virtud, reconociendo que el verdadero honor procede únicamente de Dios. Este nombre anima a reflexionar sobre la importancia de la integridad, la bondad y la humildad en nuestras interacciones con los demás. Nos recuerda que Dios honra a quienes defienden Sus enseñanzas y se esfuerzan por beneficiar a la humanidad.

En momentos de duda o desafío, contemplar "Al-Mu'izz" infunde un sentido de propósito y valía, recordándonos que Dios concede honor a quien Él quiere. Aspiremos a ser merecedores de Su honor encarnando cualidades nobles y sirviendo a Su creación con sinceridad, guiados por la luz de "Al-Mu'izz".

25. "AL-MUZIL", EL DESHONRADOR

El nombre de Dios, "Al-Muzil" o El Deshonrador, encierra un significado profundo que invita a la reflexión y a la conexión espiritual. Aunque este nombre pueda parecer desafiante inicialmente, nos recuerda el atributo de Dios de humillar a quienes transgreden y se desvían de Su camino. "Al-Muzil" nos inspira a permanecer humildes, reconociendo que el verdadero honor proviene de obedecer los mandamientos de Dios y vivir una vida recta. Este nombre nos recuerda las consecuencias de la arrogancia y las malas acciones, y nos impulsa a buscar el perdón y rectificar nuestro comportamiento.

Reflexionar sobre "Al-Muzil" nos infunde un sentido de responsabilidad y humildad, animándonos a tratar a los demás con respeto y compasión. En última instancia, este nombre nos recuerda que el verdadero honor reside en la piedad y la sumisión a Dios, y que quienes eligen el camino de la desobediencia se arriesgan al deshonor y la humillación. Esforcémonos por defender los valores de la rectitud y la humildad, buscando la misericordia de Dios y su protección contra el deshonor.

26. "AS-SAMI", EL QUE TODO LO OYE

"As-Sami" encierra la omnipresencia auditiva divina, que trasciende las limitaciones del tiempo y el espacio. Este nombre refleja la capacidad de Dios para escuchar no solo las palabras pronunciadas en voz alta, sino también los susurros del corazón humano, las súplicas silenciosas y los pensamientos más íntimos. Él es el testigo atento de cada susurro del viento, de cada latido del corazón y de cada lágrima derramada. "As-Sami" es una expresión de la infinita compasión y cercanía de Dios, quien siempre está presente y responde a las necesidades y anhelos de Su creación, incluidas las súplicas que elevamos en silencio desde lo más profundo de nuestra alma.

Al reconocer a Dios por este nombre, experimentamos la certeza de que nuestras palabras, tanto habladas como no habladas, son escuchadas y comprendidas por una entidad divina que trasciende nuestra comprensión humana, y cuya presencia amorosa nunca nos abandona.

27. "AL-BASIR", EL QUE TODO LO VE

"Al-Basir" es uno de los nombres de Dios en el Islam, que significa El Que Todo Lo Ve. Esta designación trasciende la mera percepción física y abarca la comprensión divina de todo lo que ocurre en el universo. Dios ve más allá de lo obvio, penetra en las profundidades del alma humana y conoce los secretos más íntimos de cada corazón.

Reconocemos a Dios a través de este atributo al comprender que nuestras acciones, pensamientos y sentimientos no están ocultos para Él. Sus "ojos" no son como los ojos humanos; representan una percepción omnisciente que abarca toda la existencia. Él nos guía hacia la rectitud y la verdad, sabiendo que Su amorosa mirada está constantemente vigilante, ofreciendo orientación y misericordia incluso en los momentos más oscuros de nuestras vidas.

28. "AL-HAKAM", EL JUEZ

"Al-Hakam" es un nombre de Dios que transmite Su cualidad de Juez. Esta designación resalta la justicia absoluta de Dios, que trasciende cualquier influencia terrenal o prejuicio humano. Como Juez Supremo, Dios evalúa todas las acciones y decide con imparcialidad y justicia sobre cada situación. Reconocer a Dios como "Al-Hakam" implica confiar en Su recto juicio y aceptar Su autoridad suprema sobre todos los asuntos. Nos invita a buscar la verdad y la justicia en nuestras propias acciones, sabiendo que al final seremos juzgados con equidad por Aquel cuya sabiduría es infinita.

29. "AL-ADL", EL MÁS JUSTO

"Al-Adl" es un nombre de Dios que subraya Su absoluta imparcialidad en todas las situaciones y decisiones. Como El Más Justo, Dios actúa con equidad y rectitud en todos los aspectos de la creación, asegurando que cada ser reciba lo que merece según Su voluntad divina. Reconocer a Dios como "Al-Adl" nos llama a buscar la justicia en nuestras propias vidas y a confiar en que, al final, la equidad divina prevalecerá sobre todas las injusticias terrenales. En un mundo lleno de desigualdades y conflictos, el nombre de Dios como El Justo nos ofrece consuelo y esperanza al saber que la justicia prevalecerá.

30. "AL-LATIF", EL MÁS SUTIL

Este nombre destaca la sutileza y delicadeza con que Dios actúa en el mundo, manifestando Su amoroso cuidado por Sus siervos. En la naturaleza, podemos observar la sutileza de Dios en la forma en que las flores se abren al sol, en el diseño perfecto de una mariposa o en la armonía de un ecosistema equilibrado. Cada detalle, desde el dibujo único de cada copo de nieve hasta la suave brisa que acaricia nuestras mejillas, revela la delicadeza con la que Dios se manifiesta en el mundo.

Además, la sutileza de Dios se refleja en el cuerpo humano, donde cada célula, órgano y sistema trabajan en armonía para sostener la vida. Desde la compleja red de sinapsis de nuestro cerebro hasta el suave pero constante latido del corazón, la obra de Dios en nuestro cuerpo es un testimonio de Su meticuloso cuidado y amor por la creación.

En nuestra vida cotidiana, también podemos experimentar "Al-Latif" en los pequeños gestos de bondad que encontramos por el camino: una sonrisa reconfortante de un desconocido, una palabra de aliento en momentos difíciles, o incluso la sensación de paz que nos envuelve en medio del caos.

31. "AL-JABIR", EL OMNISCIENTE

Este nombre divino revela la profundidad del entendimiento de Dios, Su conocimiento íntimo en cada aspecto de nuestras vidas y del universo en su totalidad. Podemos ver la manifestación de la atención de Dios en los detalles más íntimos. En nuestras propias vidas, podemos percibir el cuidado de Dios en los momentos en que más lo necesitamos: en el consuelo inesperado de un amigo, en la solución que llega cuando todo parece perdido, o en la chispa de inspiración que nos impulsa hacia adelante. Cada uno de estos momentos nos recuerda que no estamos solos, que Dios siempre está atento a nuestras necesidades más profundas y conoce la verdad de nuestras almas mejor que nadie.

A la luz de "Al-Jabir", encontramos esperanza, consuelo y la certeza de que hay un ser con un poder superior que siempre está atento a cada una de nuestras necesidades.

32. "AL-HALIM", EL INDULGENTE

"Al-Halim" irradia la misericordia divina que perdura en el tiempo. Esta cualidad se refleja en los pequeños actos de perdón y compasión que experimentamos en nuestra vida cotidiana. Desde el perdón de un amigo por un error cometido hasta la oportunidad de volver a empezar tras un tropiezo, la indulgencia de Dios se manifiesta en cada momento de gracia que recibimos. En la naturaleza, vemos Su indulgencia en la capacidad de la tierra para renovarse después de una sequía, o en la belleza de un amanecer que nos recuerda que cada día es una oportunidad para volver a empezar y esforzarnos por ser mejores. En nuestras propias vidas, reconocemos la clemencia de Dios cuando encontramos la fuerza para perdonar a quienes nos han hecho daño, o cuando recibimos una segunda oportunidad para corregir nuestros errores.

En cada acto de clemencia, vemos un reflejo del amor incondicional de Dios, que nos sostiene con paciencia y compasión en cada paso de nuestro camino espiritual.

33. "AL-'ADHIM", EL MÁS GRANDE

Este nombre encierra la magnificencia y majestad de Dios, El Más Grande. "Al-'Adhim" refleja la infinita grandeza y poder de Dios, que trasciende toda comprensión humana. Podemos experimentar la grandeza de Dios contemplando las maravillas de la creación que nos rodea: desde la inmensidad del universo hasta la perfección en la estructura de un átomo, cada aspecto de la realidad nos recuerda la magnitud de su creador.

Cuando nos detenemos a reflexionar sobre nuestra propia existencia, nos damos cuenta de lo insignificantes que somos en comparación con la grandeza de Dios. Somos como minúsculas partículas de polvo en el vasto universo, mientras que Él es El Soberano Supremo que lo gobierna todo. Nuestros logros, por impresionantes que parezcan, palidecen en comparación con la grandeza de Sus obras.

En última instancia, cada expresión de gratitud y cada acto de alabanza nos acerca a la comprensión de la verdadera magnificencia de "Al-'Adhim", El Grande, cuya grandeza trasciende todos los límites y cuya exaltación es eterna.

34. "AL-GHAFUR", EL GRAN PERDONADOR

Este nombre refleja la generosidad divina al perdonar los pecados de Sus siervos. Nos revela la inmensa misericordia de Dios, que supera nuestras transgresiones más profundas. Reconocemos Su grandeza cuando nos encontramos en situaciones de pecado y arrepentimiento. Por ejemplo, cuando nos alejamos de Sus enseñanzas y caemos en la tentación, experimentamos nuestra fragilidad y nuestras limitaciones.

Sin embargo, en esos momentos de debilidad, podemos buscar el perdón de Dios y encontrar consuelo en Su clemencia ilimitada. Su perdón trasciende nuestra comprensión y nos da la oportunidad de redimirnos y crecer espiritualmente. Así, en la humildad de nuestro arrepentimiento y la generosidad de Su perdón, reconocemos la grandeza de "Al-Ghafur", El Gran Perdonador, cuya magnanimidad nos guía hacia la luz incluso en nuestros momentos más oscuros.

35. "AS-SHAKUR", EL AGRADECIDO

"As-Shakur", revela la cualidad de Dios de ser agradecido y reconocer hasta los más pequeños actos de gratitud de Sus siervos. Este atributo divino nos recuerda que, a diferencia de las interacciones humanas en las que a veces no recibimos el reconocimiento que merecemos, Dios siempre nos retribuye con gratitud y generosidad nuestros esfuerzos y acciones.

A pesar de nuestra limitación e imperfección a la hora de expresar adecuadamente nuestra gratitud, Dios, en su infinita compasión y bondad, valora cada pequeño gesto de gratitud que le dirigimos. Nos ama y nos recompensa con bendiciones aún mayores, no porque necesite nuestra gratitud, sino porque desea elevarnos y acercarnos a Él.

Al reflexionar sobre el atributo de "As-Shakur", encontramos consuelo y fuerza en el hecho de que, aunque a veces nos sintamos ignorados por los demás, Dios siempre nos reconoce y nos ama con infinita gratitud. Esto nos proporciona una conexión profunda y amorosa con nuestro Creador, permitiéndonos encontrar consuelo y esperanza en Su amor eterno.

36. "AL-ALIY", EL ALTÍSIMO

Este atributo nos invita a profundizar nuestra conexión con Dios a través de Su magnificencia y exaltación. "Al-Aliy" nos recuerda que Dios es el ser supremo, por encima de toda la creación cuya grandeza es incomparable. Contemplar la sublimidad de Dios, nos lleva a un estado de reverencia y humildad, reconociendo nuestra pequeñez frente a Su infinita grandeza.

Nos conectamos con Dios elevando nuestros corazones y mentes hacia Él, buscando Su guía y protección en todas nuestras acciones. Podemos recurrir a Él mediante la oración sincera, la súplica y la reflexión profunda sobre Su presencia en nuestras vidas. También encontramos un camino hacia Dios a través del estudio de Su Palabra, como el Corán, buscando comprender Su voluntad y seguir Sus enseñanzas en nuestra vida diaria. En Su poder y soberanía encontramos consuelo, confiando en que Él está siempre presente, cuidando por nosotros. Reconocer a "Al-Aliy", El Altísimo, nos sumerge en una relación profunda de confianza y entrega, donde hallamos paz y fortaleza para enfrentar los desafíos de la vida cotidiana.

37. "AL-KABIR", EL GRANDE

La grandeza de "Al-Kabir", El Grande, se manifiesta en formas que trascienden nuestra comprensión humana. Su magnificencia abarca tanto lo tangible como lo intangible, desde la vastedad del universo hasta la perfección en el diseño de cada criatura. Su grandeza se refleja en la inmensidad del cosmos, con innumerables galaxias, estrellas y planetas que siguen un orden perfecto establecido por Su infinita sabiduría.

Además, Su grandeza se revela en la majestuosidad de la naturaleza, desde la grandeza de las montañas hasta la delicadeza de una hormiga; cada detalle manifiesta Su magnificencia y cuidado. Más allá de lo físico, Su grandeza se encuentra en Su impecable justicia, Su amor por Su creación y Su incomparable sabiduría. Él es El Sustentador de todo lo que existe, el origen de la vida y el destino último de todas las cosas.

La grandeza de Dios no tiene límite ni comparación, y al contemplarla, nos sumergimos en un profundo asombro y reverencia, reconociendo nuestra pequeñez frente a Su infinita magnificencia.

38. "AL-HAFIZ", EL PROTECTOR

Este nombre nos revela la omnipresente tutela de Dios sobre todo lo que existe. Él es el guardián de nuestras vidas, sueños y aspiraciones, velando en todo momento por nuestra seguridad y bienestar. Su protección abarca no solo nuestros cuerpos físicos, sino también nuestras almas, guiándonos por el camino de la rectitud y ofreciéndonos refugio en tiempos de tribulación.

Contemplar el significado de "Al-Hafiz" nos brinda consuelo en la certeza de que nunca estamos solos; Él está siempre presente, vigilante y amoroso, protegiéndonos de cualquier mal que pueda acecharnos. Confiar en Su protección nos aporta paz y confianza, fortalece nuestro vínculo con lo divino y nos recuerda que, bajo Su cuidado, podemos afrontar cualquier desafío con valor y esperanza.

39. "AL-MUQIT", EL SUSTENTADOR

Este nombre nos recuerda que Dios es El proveedor de todo lo que necesitamos para nuestra existencia, tanto física como espiritual. Como El Sustentador de Todo, Dios nos alimenta con amor y generosidad, asegurando que nunca nos falte lo necesario para prosperar y crecer. Podemos ver Su provisión en la abundancia de alimentos que fortalecen nuestro cuerpo, desde los frutos que crecen en la tierra hasta los animales que nos brindan sustento. También experimentamos Su cuidado en tiempos de necesidad, cuando nos brinda apoyo emocional y fuerza para superar los desafíos de la vida.

Incluso en las situaciones más difíciles, Su atributo de Sustentador nos sostiene y guía hacia la seguridad y la paz. Al reflexionar sobre el significado de "Al-Muqit" y contemplar estos ejemplos de Su provisión, encontramos inspiración en la certeza de que Él siempre cuidará de nosotros con amor y compasión. Esto nos invita a confiar en Su provisión y a ser agradecidos por cada bendición que recibimos de Él, reconociendo que Él es nuestro Sustentador en todo momento.

40. "AL-HASIB", EL RECONOCEDOR

Contemplar el nombre de Dios "Al-Hasib", que significa El Reconocedor, nos recuerda que Dios tiene pleno conocimiento de nuestras acciones, intenciones y circunstancias. Él nos conoce más profundamente de lo que nosotros mismos nos conocemos y, en Su infinita sabiduría, evalúa nuestras acciones, recompensándonos o haciéndonos responsables en consecuencia. En este atributo del Reconocedor, encontramos consuelo en la certeza de que nuestras acciones no pasan desapercibidas ante Dios. Él, en Su justicia y misericordia, nos guía y nos recompensa según nuestras intenciones y esfuerzos sinceros.

"Al-Hasib" nos invita a vivir conscientes de Su presencia, a actuar con rectitud y bondad, y a buscar Su satisfacción en todo lo que hacemos. Nos inspira a cultivar una relación más profunda con Dios, confiando en Su cuidado y orientación en nuestras vidas.

41. "AL-YALIL", EL MAJESTUOSO

Contemplar el nombre de Dios "Al-Yalil", que significa El Majestuoso, es experimentar una manifestación divina de grandeza que trasciende cualquier descripción humana. Su majestuosidad es ilimitada y abarca todo el universo. Al reflexionar sobre la majestuosidad de "Al-Yalil", nos sumergimos en una profundidad espiritual que nos llena de reverencia y asombro ante la grandeza divina.

Cada aspecto de la creación refleja Su majestuosidad: desde la armonía de los sistemas cósmicos hasta la delicadeza de una flor. Su grandeza se revela en la imponencia de las montañas, la serenidad de los océanos y la complejidad de la vida en la Tierra. Al contemplar estos detalles, nos invitamos a sumergirnos en la contemplación de Su majestad con humildad y corazón abierto, reconociendo nuestra pequeñez frente a Su grandeza infinita.

Entregándonos así al Majestuoso, encontramos una conexión íntima con la esencia divina y experimentamos la plenitud de Su amor y misericordia, que supera toda comprensión humana.

42. "AL-KARIM", EL MÁS GENEROSO

Contemplando el nombre de Dios "Al-Karim", El Más Generoso, experimentamos la belleza de la vida a través de Su infinita generosidad. Desde el regalo de la existencia misma hasta las pequeñas alegrías que nos rodean diariamente, cada momento de felicidad y cada desafío superado son testimonios de Su gracia hacia nosotros. Nos concede salud para nuestro cuerpo, sabiduría para nuestra mente y paz para nuestro espíritu. Además, nos bendice con la compañía de seres queridos, oportunidades de crecimiento y la capacidad de amar y ser amados.

Al reconocer las innumerables bendiciones que nos ha otorgado El Más Generoso, debemos sentirnos profundamente agradecidos y humildes ante Su magnificencia. Este reconocimiento debería inspirarnos a compartir Sus dones con los demás, extendiendo Su generosidad a nuestro entorno y convirtiéndonos en canales de Su amor en el mundo. Sumergiéndonos así en las bendiciones de "Al-Karim", encontramos una conexión más profunda con la fuente de toda bondad y nos sentimos motivados a vivir nuestras vidas con gratitud, compasión y generosidad hacia los demás.

43. "AR-RAQIB", EL OBSERVADOR

Contemplar el nombre de Dios "Ar-Raqib", El Observador, refleja Su posición como el Creador supremo que observa y supervisa todo lo que ocurre en el universo. Él es el guardián atento que no se distrae ni descuida ninguna parte de Su creación. Su observación abarca cada detalle de nuestras vidas, recordándonos nuestra posición como criaturas ante el Todopoderoso.

Al reconocer "Ar-Raqib", comprendemos que nuestras acciones, palabras y pensamientos no pasan desapercibidos para Él. Esta consciencia nos impulsa a vivir en armonía con Su voluntad, conscientes de que somos responsables ante Él por nuestras elecciones y comportamientos. Nos inspira a buscar la rectitud y la moralidad en todo lo que hacemos, sabiendo que somos observados por el Creador supremo.

Esta reflexión nos guía hacia una vida de consciencia y virtud, donde cada acción está impregnada de un sentido de responsabilidad y reverencia hacia Dios, El Observador omnisciente de nuestras vidas.

44. "AL-MUYIB", EL QUE RESPONDE A LAS PLEGARIAS

Contemplar el nombre de Dios "Al-Muyib", El Que Responde a las Plegarias, resalta la prontitud y generosidad con que Dios escucha y atiende las peticiones de Sus siervos. Este nombre revela Su voluntad de responder a nuestras súplicas con compasión y sabiduría, incluso cuando nuestras palabras no encuentran forma. Cada oración que hacemos es recibida por Él, y aunque nuestras mentes no comprendan Su respuesta inmediata, podemos confiar en Su conocimiento supremo y Su plan perfecto para nosotros.

La comprensión de "Al-Muyib" nos anima a fortalecer nuestra relación con Dios mediante la oración sincera y la confianza inquebrantable en Su capacidad para responder a nuestras necesidades. Nos inspira a buscar Su guía y consuelo en todo momento, sabiendo que Él siempre está dispuesto a escuchar y otorgar lo mejor para nosotros, en Su infinita sabiduría y amor.

En última instancia, la presencia de "Al-Muyib" en nuestras vidas infunde esperanza y confianza en que nuestras súplicas serán respondidas de la manera que mejor convenga a nuestras almas y al plan divino de Dios.

45. "AL WAASI", EL VASTO

Contemplar el nombre de Dios "Al-Waasi", que significa El Vasto, nos revela al Señor cuya generosidad no conoce límites, y cuya misericordia se extiende a todas Sus criaturas. Como El Vasto, Dios nos rodea con Su amor y nos envuelve con Su compasión. Su conocimiento abarca todo, desde los secretos más profundos de nuestros corazones hasta los rincones más remotos del universo.

Al comprender el significado de "Al-Waasi", se nos invita a abrir nuestros corazones y mentes a la inmensidad de Su gracia y amor. Nos inspira a confiar en Su providencia y buscar refugio en Su misericordia infinita en todo momento. Su presencia en nuestras vidas nos llena de asombro y gratitud, recordándonos que estamos en manos de un Dios cuya grandeza y amor no conocen límites.

En última instancia, contemplar a "Al-Waasi" nos invita a experimentar una conexión profunda con la inmensidad y la benevolencia divina, renovando nuestra fe y esperanza en Su cuidado constante sobre nosotros.

46. "AL HAKIM", EL SABIO

Contemplar el nombre de Dios "Al-Hakim", que significa El Sabio, nos confronta con la limitación de nuestras mentes humanas frente a la sabiduría ilimitada de Dios. Reconocemos que nuestro entendimiento es limitado, mientras que Dios posee un conocimiento y una comprensión perfectos que superan todo entendimiento humano.

En medio de nuestras limitaciones, confiamos en la guía divina, sabiendo que Dios guía cada aspecto de nuestras vidas con sabiduría y perfección, incluso cuando no podemos comprender plenamente Sus designios. Este reconocimiento nos brinda consuelo y fuerza para confiar plenamente en el camino que Él ha trazado para nosotros.

47. "AL WADUD", EL AMOROSO

Reflexionar sobre el nombre de Dios "Al-Wadud", que significa El Amoroso, nos sumerge en la esencia misma del amor divino. Es un recordatorio de que, en medio de nuestras tumultuosas vidas y luchas diarias, somos amados por nuestro Creador. Este amor trasciende nuestros defectos y errores, nos abraza en nuestras debilidades y nos celebra en nuestras victorias.

Conectar con "El Amoroso" implica abrir nuestros corazones a la infinita misericordia y ternura de Dios, permitiendo que Su amor fluya a través de nosotros hacia los demás. En el reconocimiento de este amor divino encontramos consuelo en tiempos de tribulación, fortaleza en tiempos de debilidad y la inspiración para compartir este amor con todos los que nos rodean.

En cada acto de bondad y en cada palabra de aliento, reflejamos el amor inagotable de "Al-Wadud", creando así un vínculo sagrado donde el amor es la fuerza que une todas las cosas.

48. "AL MAYID", EL GLORIOSO

Contemplar el nombre de Dios "Al-Mayid", que significa El Glorioso, nos invita a sumergirnos en la majestuosidad y grandeza de Su ser. Es un recordatorio de que Él posee un poder perfecto que se combina con una compasión y generosidad ilimitadas.

Implica reconocer y honrar Su esplendor en todos los aspectos de nuestra vida, desde los momentos de alegría hasta los desafíos a los que nos enfrentamos. En nuestra búsqueda de una conexión más profunda con Él, encontramos inspiración para emular Su generosidad y compasión hacia nosotros mismos y hacia los demás.

Nos esforzamos por reflejar Su grandeza en nuestras acciones, extendiendo la mano con amor y bondad, y compartiendo la luz de Su gloriosa presencia con el mundo que nos rodea. En cada acto de generosidad y compasión, nos acercamos más a la esencia de "Al-Mayid", recordando que Su grandeza se manifiesta no sólo en Su poder, sino también en Su infinita bondad.

49. "AL-BA'ITH", EL RESUCITADOR

Contemplar el nombre de Dios, "Al-Ba'ith", El Resucitador, lleva consigo un profundo significado espiritual e inspira una profunda reflexión sobre el concepto de resurrección y el retorno final a Dios. Este nombre refleja el atributo divino de revivir y resucitar a Su creación tras la muerte, asegurando la promesa de la resurrección y la rendición de cuentas en el Más Allá.

"Al-Ba'ith" nos invita a contemplar los ciclos de la vida y la muerte, recordándonos que nuestra existencia terrenal es pasajera y que nuestros actos en esta vida tienen consecuencias eternas. Inspirando esperanza y fe en la promesa de la resurrección, este nombre nos anima a vivir con propósito y de acuerdo con la guía divina. Reflexionar sobre "Al-Ba'ith" fomenta un sentido de responsabilidad y atención, motivándonos a buscar el perdón y la rectitud como preparación para el Día del Juicio.

50. "ASH-SHAHEED", EL TESTIGO

Reflexionar sobre el nombre de Dios "As-Shaheed", El Testigo, nos invita a reconocer Su presencia constante en todos los aspectos de nuestra vida. Él es El Testigo de todo lo que somos, de cada pensamiento que cruza nuestra mente, de cada palabra que sale de nuestras bocas y de cada acción que realizamos. Para conectar más profundamente con "As-Shaheed", podemos cultivar la conciencia de Su presencia en cada momento.

Al recordar que nada escapa a Su atención, nos esforzamos por vivir de acuerdo con los valores que Él nos ha enseñado: la bondad, la compasión y la justicia. En cada momento de nuestras vidas, tratamos de honrar la presencia de Dios, viviendo con integridad y siendo conscientes de Su amor y Su guía en nuestras vidas.

51. "AL-HAQQ", LA VERDAD

Reflexionar sobre el nombre de Dios "Al-Haqq", La Verdad, nos sumerge en la esencia misma de la realidad divina. Es un recordatorio de que Dios es la fuente última de la verdad y la existencia en un universo cambiante y efímero. Para conectar más profundamente con "Al-Haqq", podemos cultivar una búsqueda constante de la verdad en nuestras vidas, tanto en nuestras relaciones con los demás como en nuestra relación con nosotros mismos.

Esto implica vivir con autenticidad, integridad y sinceridad, honrando la verdad en nuestras palabras, acciones y pensamientos. Al ser conscientes de la verdad divina en cada aspecto de nuestras vidas, nos acercamos más a Dios, encontrando en Él la fuente de toda realidad y significado. En nuestra búsqueda de la verdad, conectamos con la esencia misma de "Al-Haqq", recordando que en Él encontramos la verdad última y eterna que trasciende todas las formas de ilusión y engaño de este mundo.

52. "AL-WAKEEL", EL DIGNO DE CONFIANZA

Reflexionar sobre el nombre de Dios "Al-Wakeel", El Digno de Confianza, nos sumerge en la confianza absoluta en Su cuidado y provisión. Él es El Digno de Confianza en quien podemos depositar nuestras preocupaciones, esperanzas y sueños. Conectar con "Al-Wakeel" significa rendirse a Su sabiduría y confiar plenamente en Su plan para nosotros. En tiempos de incertidumbre y tribulación, recordamos que Él es nuestro Guardián de Confianza, que cuida de cada detalle de nuestras vidas con amor y compasión.

Cuando confiamos plenamente en Él, encontramos una paz profunda y una satisfacción verdadera que trasciende las preocupaciones terrenales. A cada paso del camino, nos aferramos a la certeza de que "Al-Wakeel" nos guiará y sostendrá, conduciéndonos a un futuro lleno de esperanza y bendiciones.

53. "AL-QAWIYY", EL MÁS FUERTE

Reflexionar sobre el nombre de Dios "Al-Qawiyy", El Más Fuerte, nos invita a meditar sobre la fuerza omnipotente que Él posee. Es la esencia misma de la fuerza y el poder, que trasciende cualquier comprensión humana. Conectar con "Al-Qawiyy" implica reconocer que Su poder es ilimitado y está presente en todos los aspectos de nuestras vidas.

En momentos de debilidad y desafío, encontramos en Él una fuerza divina que nos sostiene y nos impulsa hacia adelante. En lugar de confiar en nuestras propias fuerzas, confiamos en la fuerza infinita de Dios para superar cualquier obstáculo que se nos presente. En nuestra relación con Él, encontramos la seguridad de que Su poder está con nosotros en todo momento, guiándonos y protegiéndonos en nuestro viaje por la vida.

54. "AL-MATIN", EL FIRME

Reflexionar sobre el nombre de Dios "Al-Matin", El Firme, nos lleva a reflexionar sobre Su inquebrantable fuerza y constancia. Él es la manifestación misma de la estabilidad en un mundo en constante cambio. Conectar con "Al-Matin" implica reconocer Su presencia constante y confiar en Su firmeza en medio de los altibajos de la vida. En lugar de buscar la seguridad en las cosas efímeras de este mundo, encontramos la estabilidad en Su constancia eterna.

En nuestra relación con Él, encontramos un refugio seguro en el que descansar nuestras preocupaciones y temores. Con cada paso que damos en la vida, recordamos que Él es El Firme, y en Él encontramos la fuerza y la estabilidad para afrontar cualquier adversidad con valor y confianza.

55. "AL-WALIY", EL AMIGO PROTECTOR

Reflexionar sobre el nombre de Dios "Al-Waliy", El Amigo Protector, nos sumerge en la cálida luz de Su compañía y protección constante. Él es el confidente eterno que nos acoge en cada momento de nuestra existencia, el guardián amoroso que vela por nuestro bienestar a cada paso del camino. Conectar con "Al-Waliy" es abrir nuestros corazones a Su amor perdurable y confiar en Su sabia guía en todos los aspectos de nuestra vida. En medio de las alegrías y los desafíos de la vida, encontramos consuelo en la certeza de Su presencia constante, sabiendo que Él es nuestro amigo más cercano y nuestro protector más leal. Al entregarnos a Su amistad y protección, encontramos paz en el corazón y fortaleza en el espíritu, sabiendo que nunca estamos solos en nuestro camino. En cada momento, en cada respiración, abrazamos la reconfortante verdad de que Él es El Amigo Protector, y en Él encontramos refugio seguro y amor eterno.

56. "AL-HAMID", EL LOABLE

Reflexionar sobre el nombre de Dios "Al-Hamid", El Digno de Alabanza, nos lleva a contemplar la fuente eterna de toda alabanza y gratitud, cuya magnificencia trasciende los límites de la comprensión humana. Conectar con "Al-Hamid" implica abrir nuestros corazones a la gratitud sincera y a la alabanza por Sus innumerables bendiciones y maravillas. En medio de nuestra vida diaria, encontramos infinitas oportunidades para reconocer y apreciar Su divinidad, que guía cada paso de nuestro camino.

Al elevar nuestra conciencia hacia Él con sincera alabanza y agradecimiento, cultivamos una conexión profunda y significativa con la esencia misma de la divinidad. En cada momento de reconocimiento, nos acercamos más a la sublime belleza de "Al-Hameed", encontrando en Él la inspiración y la fuerza para vivir con propósito y gratitud.

57. "AL-MUHSI", EL CONTADOR

Reflexionar sobre el nombre de Dios, "Al-Muhsi", El Contador, encierra Su atributo divino de cálculo meticuloso y conocimiento de todas las cosas. Dios es el Conocedor de lo oculto y lo visible; Él cuenta y enumera todo con perfecta precisión. Reflexionar sobre "Al-Muhsi" inspira asombro y humildad, ya que nos recuerda la infinita sabiduría de Dios y Su amplio conocimiento de nuestros actos, intenciones y circunstancias. Este nombre nos anima a ser conscientes de nuestros actos, sabiendo que cada pensamiento, palabra y acción son tenidos en cuenta por El Omnisciente.

"Al-Muhsi" nos invita a reflexionar sobre la importancia de la sinceridad y la responsabilidad en nuestras vidas, instándonos a buscar Su perdón y Su guía. Esforcémonos por vivir con conciencia y conocimiento de la constante rendición de cuentas ante Dios, con el objetivo de alinear nuestras acciones con Su complacencia y misericordia. Consolémonos sabiendo que la cuenta de Dios abarca todas las cosas, y que Su misericordia supera nuestros defectos, guiándonos hacia la rectitud y la plenitud espiritual.

58. "AL-MUBDI", EL CREADOR

Reflexionar sobre la creación de un ser humano a partir de una sola gota de semen es un testimonio realmente asombroso del poder de Dios como "Al-Mubdi", El Creador. Imagínate que, de algo tan pequeño y aparentemente insignificante, Dios nos da la vida y nos convierte en individuos únicos con capacidades asombrosas. Este proceso demuestra que la sabiduría y la creatividad de Dios van más allá de nuestra comprensión. Es como una hermosa historia que se desarrolla dentro de cada uno de nosotros, que comienza con una pequeña semilla y florece hasta convertirse en un ser humano adulto. Este viaje milagroso nos recuerda que cada uno de nosotros es una creación especial de Dios, hecha con propósito y cuidado.

Es un ejemplo maravilloso de cómo Dios puede hacer surgir la grandeza de los comienzos más humildes, mostrándonos Su amor sin límites y Su capacidad para crear algo extraordinario a partir de los elementos más simples. Así que, por pequeños o insignificantes que nos sintamos a veces, recordemos que Dios, como "Al-Mubdi", tiene el poder de hacer surgir grandeza y significado en todos nosotros.

59. "AL-MUID", EL RESTAURADOR

Reflexionar sobre el nombre de Dios, "Al-Muid", El Restaurador, refleja Su atributo divino de renovación y renacimiento. Dios tiene el extraordinario poder de rejuvenecer lo que se ha debilitado o agotado, ya sea nuestra fe, nuestros corazones o nuestras circunstancias. Consideremos el ciclo de las estaciones como un ejemplo profundo de la naturaleza restauradora de "Al-Muid". Cada año, cuando el invierno da paso a la primavera, los paisajes adormecidos vuelven a la vida con una vitalidad renovada, los árboles estériles florecen con hojas frescas y la tierra antes congelada produce flores coloridas.

Este fenómeno natural refleja la capacidad de Dios para dar nueva vida y devolver la vida al mundo. Del mismo modo que Dios revive la tierra tras el letargo invernal, también puede revivir nuestras almas, infundiendo esperanza y renovación en nuestros corazones. A través del cambio de las estaciones, somos testigos de la obra continua de Dios como "Al-Muid", El Restaurador, que renueva el mundo y nos recuerda Su capacidad constante de revivir y reponer todas las cosas.

60. "AL-MUHYI", EL DADOR DE VIDA

El nombre de Dios, "Al-Muhyi", El Dador de Vida, resuena profundamente cuando contemplamos el milagro de la llegada al mundo de un recién nacido. Imaginemos la maravilla de ver a un bebé diminuto y frágil respirar por primera vez, encarnando el don de la vida otorgado por Dios. Este recién nacido, tan delicado pero lleno de potencial, es un testimonio vivo del poder de Dios para crear y mantener la vida. Cada bebé representa un nuevo comienzo, un alma única traída a la existencia por la voluntad y la misericordia divinas de Dios.

Reflexionar sobre "Al-Muhyi" a través del lente de un recién nacido inspira una profunda sensación de asombro y aprecio por la fascinante belleza de la creación. Nos recuerda nuestros propios comienzos y el ciclo continuo de la vida que Dios dirige con infinita sabiduría y cuidado. A través de esta reflexión, nos acercamos más a Dios, reconociendo su generosidad sin límites al concedernos el precioso don de la vida.

61. "AL-MUMIT", EL DADOR DE LA MUERTE

El nombre de Dios, "Al-Mumit", El Dador de la Muerte, invita a una contemplación profunda sobre la realidad de la mortalidad y el ciclo de la vida. Dios, en Su sabiduría y misericordia, decreta el momento señalado para que cada alma parta de este mundo. Pensemos en las hojas de otoño que caen suavemente de los árboles, abrazando con gracia el final de su ciclo vital. Este proceso natural nos recuerda el atributo de Dios como "Al-Mumit".

Así como Dios da la vida, también decreta la muerte como transición al reino eterno. Reflexionar sobre esto nos anima a contemplar la naturaleza temporal de esta vida y la importancia de prepararnos para el Más Allá. Subraya el retorno final a Dios y la inevitabilidad de nuestro viaje hacia Él.

62. "AL-HAYY", EL VIVIENTE

El nombre de Dios, "Al-Hayy", El Viviente, encarna Su existencia eterna y continua, más allá de las limitaciones del tiempo y la decadencia. Reflexionar sobre este atributo divino inspira un profundo sentimiento de asombro y reverencia. Imagina que estás junto a un río que fluye y observas su corriente constante que nunca cesa. El río representa el flujo perpetuo de la vida, haciendo eco de la naturaleza eterna de Dios como "Al-Hayy". Al igual que las aguas del río nunca dejan de fluir, la presencia viviente de Dios es constante e interminable, sosteniendo toda la creación.

Esta analogía me recuerda la naturaleza duradera e ilimitada de la existencia de Dios, que contrasta con la naturaleza transitoria de las cosas del mundo. A través de esta reflexión, encontramos consuelo y tranquilidad en la continua presencia y guía de Dios, sabiendo que Su vitalidad y misericordia están siempre con nosotros.

63. "AL-QAYYUM", EL SUSTENTADOR

El nombre de Dios, "Al-Qayyum", El Sustentador, encierra Su atributo de autosuficiencia y sostén eterno de toda la creación. Dios es la fuente de la existencia, que sostiene y mantiene continuamente todo lo que hay en el universo. Reflexionar sobre "Al-Qayyum" aporta un profundo sentimiento de confianza y seguridad en el inquebrantable apoyo y cuidado de Dios. Imaginate las raíces de un árbol firmemente arraigado en la tierra, que se nutre y fortalece desde lo más profundo del suelo. Esta imagen simboliza el papel de Dios como Sustentador, que proporciona estabilidad y alimento a todos los aspectos de la vida.

Al igual que el árbol depende de sus raíces para su sustento, nosotros dependemos de Dios para nuestro bienestar y sustento, tanto físico como espiritual. Contemplar en "Al-Qayyum" inspira gratitud por la constante presencia y provisión de Dios, recordándonos que debemos acudir a Él en busca de guía y sustento en todos los aspectos de nuestra vida.

64. "AL-WAYID", EL PERCEPTOR

El nombre de Dios, "Al-Wayid", El Perceptor, refleja Su atributo de profunda percepción y conciencia. Dios percibe y comprende todo, abarcando los reinos visibles e invisibles con Su conocimiento divino. Reflexionar sobre este nombre nos invita a reconocer que Dios es consciente de nuestros pensamientos, acciones y circunstancias. Pensemos en la quietud de la noche, donde ni el más leve susurro escapa a Su percepción. Este ejemplo ilustra la capacidad de Dios para percibir los detalles más sutiles de nuestra vida y los sentimientos más íntimos.

Al contemplar en "Al-Wajid", apreciamos más profundamente el atento cuidado y la guía de Dios, sabiendo que Él percibe cada aspecto de nuestra existencia con perfecta claridad. Encontramos consuelo e inspiración en la comprensión de que Dios, El Perceptor, es siempre consciente y receptivo a nuestras necesidades, guiándonos con Su profunda sabiduría y compasión.

65. "AL-MAAYID", EL MAGNÍFICO

El nombre de Dios, "Al-Maayid", El Magnífico, refleja Su grandeza y
sublime belleza, evidentes en la inmensidad de la creación, desde las
imponentes montañas hasta las brillantes estrellas. Reflexionar sobre este
atributo de Dios inspira asombro ante el impresionante esplendor del poder
y la creatividad del Creador. Imagina estar en la naturaleza, rodeado de
paisajes que atestiguan la grandeza ilimitada y la gloria sin límites de Dios.
A través de la contemplación de "Al-Maajid", apreciamos Su majestad
divina y la belleza que impregna cada rincón de la existencia.

66. "AL-WAAHID", EL UNO

El nombre de Dios, "Al-Waahid", El Uno, significa Su unicidad única y unidad absoluta. Dios es el Creador singular e indivisible de toda la existencia, sin socios ni iguales. Reflexionar sobre "Al-Waahid" inspira un profundo sentido de unidad y simplicidad en la vasta complejidad del universo. Imagina contemplar el cielo nocturno, repleto de innumerables estrellas y galaxias, y darte cuenta de que toda esta magnificencia emana de la unicidad de Dios. Este ejemplo demuestra la soberanía suprema y el orden armonioso de la creación bajo Su unidad divina.

A través de la contemplación, reconocemos la simplicidad y pureza del monoteísmo, que nos lleva a afirmar nuestra creencia en la Unicidad de Dios y a alinear nuestros corazones y acciones con Su unidad divina. Encontremos consuelo e inspiración en la comprensión de que Dios, El Uno, es la fuente última de toda existencia y la representación de la unidad y la perfección absolutas.

67. "AL-AHAD", EL ÚNICO

El nombre de Dios, "Al-Ahad", El Único y Sin Igual, significa Su naturaleza incomparable y singular. Reflexionar sobre "Al-Ahad" inspira una profunda comprensión de la unidad divina en medio de la diversidad de la creación. Considera la inmensidad del cosmos, donde cada elemento existe en perfecta armonía bajo la soberanía de "Al-Ahad". A través de la contemplación, profundizamos nuestra comprensión del monoteísmo y abrazamos la verdad de que Dios es la única fuente de existencia y unicidad absoluta. Podemos conectar con Dios a través de Su nombre "Al-Ahad" afirmando nuestra creencia en Su unicidad y exclusividad, esforzándonos por emular Su unidad en nuestros pensamientos y acciones, y buscando Su guía en todos los aspectos de nuestra vida.

68. "AS-SAMAD", EL PROVEEDOR SUPREMO

El nombre de Dios, "As-Samad", El Proveedor Supremo, significa Su papel como fuente eterna y autosuficiente de toda provisión y sustento. Dios satisface todas las necesidades y concede todas las bendiciones sin exigir nada a cambio. Reflexionando sobre El Proveedor Supremo, vemos que todo nuestro apoyo y sustento provienen sólo de Él. Como un árbol que prospera con nutrientes, luz solar y agua, Dios se asegura de que cada criatura reciba lo que necesita. Reconocer a Dios como El Proveedor Supremo profundiza nuestra gratitud y fe, sabiendo que Él siempre nos sostiene. Nos conectamos con Dios a través de este nombre acudiendo a Él en tiempos de necesidad, confiando en Su provisión y expresando gratitud por Sus bendiciones a través de la súplica sincera y la oración.

69. "AL-QADIR", EL CAPAZ

El nombre de Dios, "Al-Qadir", El Capaz, significa Su poder absoluto y Su habilidad para hacer todas las cosas. La capacidad de Dios abarca todos los aspectos de la creación, ya que nada está fuera de Su control o alcance. Al reflexionar sobre "Al-Qadir", recordamos Su poder supremo y Su potencial ilimitado. Consideremos la transformación de una diminuta semilla en un altísimo árbol; este proceso ejemplifica la capacidad de Dios para hacer surgir la vida y el crecimiento desde los comienzos más pequeños. Reconocer a Dios como "Al-Qadir" profundiza nuestra confianza en Su poder para guiarnos y apoyarnos en cualquier desafío. Nos conectamos con Dios a través de este nombre reconociendo nuestras propias limitaciones y acudiendo a Él con humildad, buscando Su ayuda y confiando en Su poder infinito para superar las dificultades y alcanzar nuestros objetivos. Al invocar "Al-Qadir" en nuestras oraciones, reforzamos nuestra fe en Su omnipotencia y encontramos seguridad en Su capacidad para manifestar lo que es mejor para nosotros.

70. "AL-MUQTADIR", EL OMNIPOTENTE

Dios es "Al-Muqtadir", El Omnipotente, lo que significa Su poder supremo y absoluto sobre toda la creación. La omnipotencia de Dios implica que Él puede hacer todo y cualquier cosa, controlando el universo con autoridad absoluta. Al reflexionar sobre "Al-Muqtadir", reconocemos Su poder ilimitado y Su dominio supremo. Imaginemos el inmenso poder del sol, que proporciona luz y vida a todo el sistema solar; esto apenas refleja el poder infinito de Dios.

Reconocer a Dios como "Al-Muqtadir" profundiza nuestro asombro y reverencia por Sus capacidades. Nos conectamos con Dios a través de este nombre al reconocer Su control sobre todos los aspectos de nuestras vidas y al buscar Su ayuda en nuestros esfuerzos. Al invocar "El Omnipotente" en nuestras oraciones, nos sometemos a Su voluntad, confiando en Su omnipotencia para guiarnos y satisfacer nuestras necesidades. Este reconocimiento fortalece nuestra fe y nos recuerda que, con el poder de Dios, todo es posible.

71. "AL-MUQADDIM", EL EXPEDIDOR

El nombre de Dios, "Al-Muqaddim" o El Expedidor, significa Su habilidad divina para hacer avanzar y adelantar a quien quiera o lo que quiera en Su tiempo perfecto. La sabiduría y la sincronización de Dios son impecables, colocando todo en su orden y secuencia adecuados. Al reflexionar sobre "Al-Muqaddim", reconocemos Su control sobre el tiempo de todos los acontecimientos de nuestra vida. Consideremos el florecimiento de una flor, que se despliega en el momento justo, ilustrando cómo Dios acelera los procesos en el mundo natural.

Reconocer a Dios como "Al-Muqaddim" refuerza nuestra confianza en Sus tiempos y decisiones. Nos conectamos con Dios a través de este nombre siendo pacientes y confiando en Su plan, sabiendo que Él nos hará avanzar a nosotros y a nuestros asuntos en el momento perfecto. Al invocar "Al-Muqaddim" en nuestras oraciones, buscamos Su guía para avanzar en la vida de acuerdo con Su plan divino, reforzando nuestra fe en Su sabiduría y en Su tiempo.

72. "AL-MUAKHIR", EL QUE RETRASA

El nombre de Dios, "Al-Muakhir" o El Que Retrasa, significa Su sabiduría divina al posponer o retrasar acontecimientos y resultados de acuerdo con Su plan perfecto. El tiempo de Dios es impecable, y Sus retrasos tienen un propósito, a menudo conducen a un bien mayor y a una sabiduría que puede que no comprendamos inmediatamente. Al reflexionar sobre "Al-Muakhir", reconocemos que cada retraso en nuestras vidas forma parte de un plan mayor de Dios.

Pensemos en el proceso de transformación de una oruga en mariposa: debe pasar un tiempo en un capullo, experimentando cambios antes de poder emerger con toda su belleza. Este retraso natural refleja cómo Dios orquesta los acontecimientos de nuestra vida, asegurándose de que se desarrollen en el momento adecuado.

Conectamos con Dios a través de este nombre practicando la paciencia y confiando en Su sabiduría, comprendiendo que los retrasos no son negaciones, sino que están diseñados para nuestro beneficio. Al invocar "Al-Muakhir" en nuestras oraciones, buscamos alinearnos con Su tiempo, encontrando paz y tranquilidad en el conocimiento de que los retrasos de Dios siempre tienen un propósito y, en última instancia, son para nuestro bien.

73. "AL-AWWAL", EL PRIMERO

El nombre de Dios, "Al-Awwal", El Primero, significa que Él es el origen de toda la creación, existiendo antes que cualquier otra cosa. La existencia de Dios no tiene principio, y todo lo que existe procede de Él. Al reflexionar sobre "Al-Awwal", reconocemos Su presencia eterna y el fundamento que proporciona a toda la vida.

Imaginemos el amanecer de un nuevo día, en el que la primera luz del sol ilumina el mundo, disipando la oscuridad y aportando vida y energía. Esta luz simboliza a Dios como "Al-Awwal", la fuente inicial de toda existencia e iluminación. Para conectar con Dios a través de este nombre, podemos meditar sobre Su naturaleza eterna y tratar de alinear nuestras vidas con Su sabiduría intemporal.

Al invocar "Al-Awwal" en nuestras oraciones, reconocemos Su superioridad en todas las cosas, fomentando una valoración más profunda de Su existencia primordial y buscando orientación para orientar nuestras acciones y decisiones en Su presencia eterna.

74. "AL-AAKHIR", EL ÚLTIMO

Dios es "Al-Aakhir", El Último, lo cual indica que Él es el destino final, el término último al que todo llega. La existencia de Dios no tiene fin, y Él representa el refugio final y la conclusión de toda la creación. Reflexionar sobre "Al-Aakhir" nos permite reconocer la permanencia y eternidad de Dios, proporcionándonos una perspectiva sobre la transitoriedad de la vida terrenal. Imaginemos el vasto horizonte al final de un largo viaje, que simboliza el retorno definitivo a Dios después de todos los viajes y pruebas en la tierra.

Este horizonte nos recuerda que, aunque todo lo demás desaparezca, Dios permanece. Para conectarnos con Dios a través de este nombre, podemos enfocarnos en nuestro regreso final a Él, viviendo nuestras vidas con este propósito en mente.

Al invocar "Al-Aakhir" en nuestras oraciones, nos recordamos nuestro destino final y buscamos alinear nuestras acciones e intenciones con la presencia eterna y el retorno último a Dios, El Último.

75. "AZ-ZAAHIR", EL MANIFIESTO

Un ejemplo de la naturaleza que refleja la manifestación de Dios como "Az-Zaahir", El Manifiesto, es el cambio de las estaciones. Cuando observamos la transición del invierno a la primavera, somos testigos de la clara manifestación del poder y la creatividad de Dios. Durante el invierno, la tierra es a menudo estéril, los árboles están desnudos y la tierra parece dormida. Sin embargo, con la llegada de la primavera, la manifestación de la fuerza vivificadora de Dios se hace evidente.

Los árboles florecen, surgen las flores y una nueva vida brota de las ramas y la tierra aparentemente sin vida. Este ciclo de cambio estacional demuestra maravillosamente el poder manifiesto y la creatividad de Dios, recordándonos su continua presencia y renovación en el mundo natural. Al reflexionar sobre estas manifestaciones, podemos profundizar nuestra conexión con Dios como "Az-Zaahir", apreciando Su existencia evidente e incuestionable en todos los aspectos de la creación.

76. "AL-BAATIN", LO OCULTO

Dios es "Al-Baatin", Lo Oculto. Este atributo divino significa la sabiduría oculta de Dios y su complejo diseño dentro de nosotros. Consideremos el sistema circulatorio: la sangre fluye por venas y arterias, suministrando oxígeno y nutrientes que dan vida, mientras las neuronas se disparan en patrones complejos, permitiendo el movimiento, el pensamiento y la sensación. Reflexionar sobre este funcionamiento oculto revela la profunda presencia y el cuidado de Dios en nuestras vidas.

Este atributo nos incita a la reflexión y la humildad, al darnos cuenta de que dependemos de Su sabiduría y Su gracia. Para confiar y conectar con "Al-Baatin", reconoce las bendiciones ocultas de tu vida, el funcionamiento sin esfuerzo de tu cuerpo, los misterios de la existencia, y cultiva la gratitud por las provisiones invisibles de Dios. Abraza el camino de la búsqueda de comprensión y profundidad espiritual, sabiendo que la sabiduría de Dios sobrepasa nuestra comprensión.

A través de esta reflexión y confianza, profundizamos nuestra conexión con "Al-Baatin", El Oculto, encontrando consuelo y guía en Su cuidado oculto pero siempre presente.

77. "AL-WAALI", EL GOBERNADOR

Dios es "Al-Waali", El Gobernador, cuya autoridad divina y tutela se extienden sobre toda la creación. Su gobierno es amplio y benevolente, abarcando todos los aspectos de la existencia con sabiduría y justicia. Un ejemplo del gobierno de "Al-Waali" puede verse en el mundo natural, donde todo funciona en armonía según Su decreto: los ciclos de las estaciones, el movimiento de los cuerpos celestes y el equilibrio de los ecosistemas.

Para conectar con "Al-Waali", reflexiona sobre Su gobierno en tu vida. Confía en Su guía y providencia, sabiendo que Él supervisa todos los asuntos con perfecto conocimiento y cuidado. Alinea tus acciones con Sus mandamientos y busca Su protección y apoyo en momentos de necesidad. Al reconocer a Dios como "Al-Waali", el Gobernador, y rendirte a Su gobierno divino, invitas Sus bendiciones y misericordia a tu vida, encontrando paz y propósito en Su gobierno sabio y amoroso.

78. "AL-MUTA'ALI", EL MÁS EXALTADO

Dios es "Al-Muta'ali", El Más Exaltado, cuya gloria y trascendencia sobrepasan toda comprensión y comparación. Su exaltación abarca la perfección y supremacía absolutas, más allá de las limitaciones del entendimiento humano. Un ejemplo de la magnificencia de "Al-Muta'ali" se encuentra en la inmensidad del universo: las innumerables galaxias, estrellas y fenómenos cósmicos que reflejan Su poder y majestad ilimitados. Para conectar con tu corazón con Dios, contempla Sus atributos de grandeza y exaltación. Reflexiona sobre Su infinita sabiduría y soberanía sobre toda la creación. Ríndete a Su voluntad con humildad y asombro, reconociendo Su autoridad suprema en tu vida. Busca cercanía a Dios mediante actos de adoración, oración y recuerdo, reconociendo que Él es la fuente última de guía y misericordia.

Al abrazar la naturaleza exaltada de Dios, "Al-Muta'ali", nos acercamos a Él con reverencia y sumisión. Que Su amor y luz guíen cada uno de tus pasos, llenando tu corazón de paz y serenidad

79. "AL-BARR", LA FUENTE DE LA BONDAD

Dios es "Al-Barr", La Fuente de la Bondad; nos invade con sentimientos de gratitud, calidez y consuelo. Reconocemos Su bondad y benevolencia inquebrantables, las cuales pueden evocar en nosotros sentimientos de paz y satisfacción. Saber que Dios es la fuente última de bondad también puede infundir una sensación de seguridad y confianza en Su cuidado, fomentando sentimientos de tranquilidad y esperanza, incluso en tiempos difíciles. Además, conectar con "Al-Barr" puede inspirarnos a manifestar cualidades similares en nuestras relaciones e interacciones con los demás, cultivando sentimientos de compasión, empatía y generosidad. Al alimentar estas emociones y alinearlas con la esencia de "Al-Barr", profundizamos nuestra conexión espiritual con Dios y experimentamos Su bondad ilimitada reflejada en nuestros corazones y acciones. Que la luz de Su bondad siempre ilumine nuestro camino y nos guíe hacia una vida de paz y amor.

80. "AT-TAWWAAB", EL INDULGENTE

"At-Tawwaab", El Indulgente, cuya misericordia y perdón son ilimitados y continuos. Este atributo divino significa Su disposición a aceptar el arrepentimiento y conceder el perdón a aquellos que buscan Su perdón sinceramente. Un ejemplo de la infinita misericordia de "At-Tawwaab" puede verse en la historia del Profeta Adán (la paz sea con él), quien buscó el perdón de Dios tras su error en el Jardín del Edén. Dios, en Su infinita compasión, aceptó el arrepentimiento de Adán, demostrando Su atributo de perdón continuo y amor por Su creación. Para conectar con "At-Tawwaab", reflexiona sobre tus propias acciones y busca el arrepentimiento sincero por cualquier error o carencia, acercándote a Dios con humildad y un auténtico deseo de enmendar tus caminos.

Confía en Su ilimitada misericordia y perdón, sabiendo que Él siempre está dispuesto a perdonar y guiar a aquellos que se dirigen a Él con un corazón sincero. Adopta el camino del arrepentimiento y la superación personal como medio para acercarte a "At-Tawwaab", El que Siempre Perdona, y experimenta el poder transformador de Su misericordia y gracia en tu vida.

81. "AL-MUNTAQIM", EL VENGADOR

"Al-Muntaqim", El Vengador, cuya justicia y retribución mantienen el equilibrio de la rectitud en el universo. Este atributo divino representa su papel como la fuente última de justicia, garantizando que las malas acciones tengan consecuencias. Un ejemplo de la naturaleza vengadora de "Al-Muntaqim" puede observarse a lo largo de la historia, donde tiranos y opresores han enfrentado el castigo divino por sus injusticias contra los inocentes.

Para conectar con "Al-Muntaqim," reflexiona sobre la importancia de la justicia y la responsabilidad en tu propia vida. Levántate contra la injusticia y las malas acciones, tratando de promover la justicia y la equidad en tus acciones e interacciones. Confía en Dios, sabiendo que Él rectificará todas las injusticias y vindicará a los que han sufrido. Adopta los valores de integridad y rectitud, alinéate con los principios de "Al-Muntaqim", y busca su guía para defender la justicia y la rectitud en el mundo.

82. "AL-'AFUWW", EL PERDONADOR

Dios, "Al-'Afuww", El Perdonador, ejemplifica Su perdón y misericordia ilimitados. Este atributo divino representa la capacidad de Dios para borrar los pecados y conceder el perdón, liberando los corazones agobiados por el remordimiento. Al igual que el vasto cielo envuelve la tierra, el perdón de Dios abarca todas las transgresiones, ofreciendo redención a quienes lo buscan. Para conectar con El Perdonador, reflexiona sobre Su naturaleza magnánima y busca el perdón con sinceridad. Libérate del peso de los errores del pasado, sabiendo que el perdón de Dios es ilimitado.

Esfuérzate por emular este atributo perdonando a los demás, fomentando la armonía y la compasión en tus interacciones. Abraza la gracia liberadora de "Al-'Afuww" buscando continuamente Su perdón y extendiendo el perdón a los demás, acercándote así a Su misericordia y amor.

83. "AR-RAUF", EL MÁS BONDADOSO

Dios, "Ar-Rauf", El Más Bondadoso, encarna una compasión y benevolencia sin igual. Este nombre divino refleja Su profunda misericordia y gentil cuidado hacia Su creación. "Ar-Rauf" es quien comprende nuestras luchas más profundas y responde con la máxima ternura. Más aún que un padre cariñoso que atiende las necesidades de sus hijos con paciencia y comprensión, Dios, "Ar-Rauf", derrama Su misericordia sobre nosotros de una manera aún mayor.

Para conectar con "Ar-Rauf", trata de cultivar la bondad y la empatía en tu propio corazón. Muestra compasión a los que te rodean, reconoce sus dificultades y ofréceles apoyo sin juzgarlos. Reflexiona sobre la belleza de la misericordia de Dios en el mundo: En el florecer de la naturaleza, el calor del sol y la bondad de los seres queridos, reconocemos la presencia de "Ar-Rauf". Al reflejar la bondad y la misericordia en tus interacciones diarias, te acercas más a El, experimentando Su amor y gracia ilimitados.

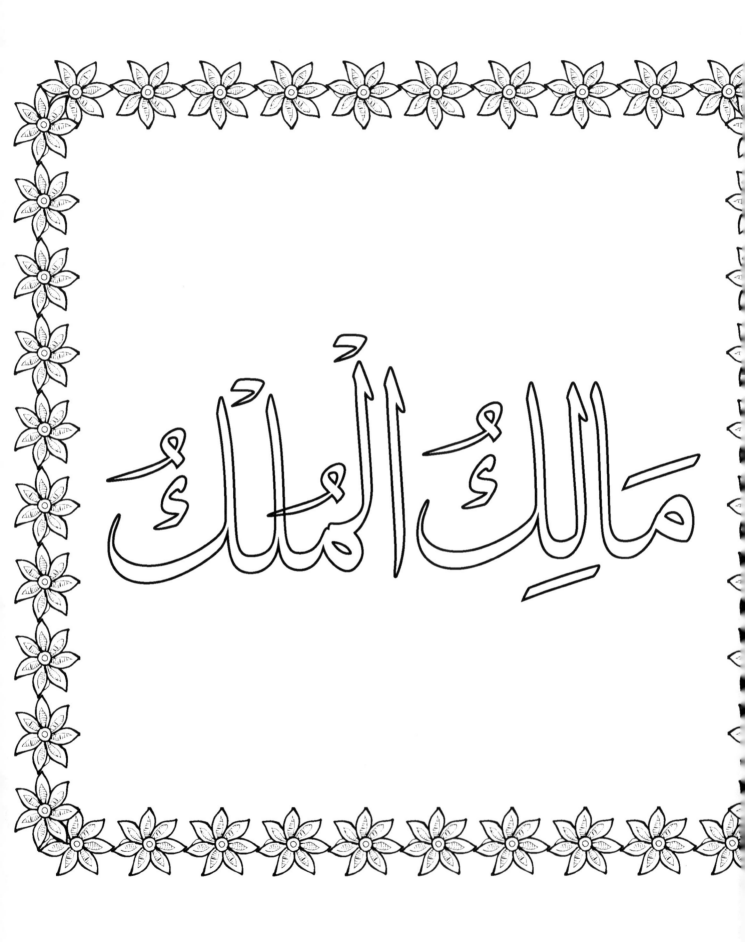

84. "MALIKUL-MULK", DUEÑO DEL DOMINIO

Dios, "Malikul-Mulk", El Dueño del Dominio, reina sobre toda la creación con soberanía y autoridad absolutas. Este nombre divino refleja Su incomparable poder y control sobre todos los aspectos de la existencia, desde las vastas galaxias hasta los átomos más diminutos. Reflexiona sobre la grandeza del universo y reconoce que, en última instancia, todos los reinos y dominios pertenecen únicamente a Dios.

Para conectar con "Malikul-Mulk", contempla Sus majestuosos atributos y sométete voluntariamente a Su voluntad. Entrega tus temores y preocupaciones a Aquel que posee todo dominio, confiando en Su plan divino. Recuerda que la propiedad de Dios se extiende a tu vida y a tu destino, guiándote hacia la rectitud y el propósito. Abraza la humildad y la gratitud al reconocer Su soberanía, sabiendo que a través de esta conexión, encontrarás paz y guía divina en medio de las complejidades de la vida.

ذُوالْجَلَالِ وَ الْإِكْرَامِ

85. "DHUL-YALAALI-WAL-IKRAM", SEÑOR DE LA MAJESTAD Y LA GENEROSIDAD

Dios, "Dhul-Yalaali-Wal-Ikram", El Señor de la Majestad y la Generosidad, abarca los sobrecogedores atributos del poder majestuoso y la generosidad sin límites. "Dhul-Yalaali" denota Su majestuosa e imponente presencia, mientras que "Wal-Ikram" enfatiza Su infinita generosidad y nobleza. Imagina la grandeza de las montañas y la inmensidad de los océanos: son meros reflejos de la majestuosa creación de Dios. Al mismo tiempo, considera las innumerables bendiciones y provisiones que se nos conceden cada día, que simbolizan Su generosidad sin igual.

Para conectar con "Dhul-Yalaali-Wal-Ikram", contempla Su grandeza y expresa gratitud por Sus bendiciones. Busca Su misericordia y perdón con humildad, reconociendo Su majestad y respondiendo con actos de bondad y caridad hacia los demás. Esfuérzate por imitar Su generosidad en tus acciones y tratos, reflejando Sus nobles atributos en tu vida diaria. Al honrar a Dios como El Señor de la Majestad y la Generosidad, profundizas tu conexión con Su divina esencia y experimentas Su benevolencia de una manera profunda y transformadora.

86. "AL-MUQSIT", EL EQUITATIVO

Dios, "Al-Muqsit", El Equitativo, resuena con el equilibrio inquebrantable y la rectitud divina. Él mantiene la equidad perfecta en Su juicio divino, asegurando que cada alma reciba su debida recompensa. Conectar con Dios a través de este nombre es aplicar los principios de justicia y compasión en nuestra vida cotidiana, esforzándonos por tratar a los demás con justicia y empatía en todos nuestros tratos. Es buscar el perdón por nuestras transgresiones y extender el perdón a los demás, reconociendo que la verdadera justicia está atemperada por la misericordia.

Al abogar por la igualdad y la rectitud en el mundo y oponernos a la injusticia y la opresión, nos alineamos con el mandato divino de "Al-Muqsit", trabajando por una sociedad en la que todos sean tratados con dignidad y respeto. Mientras caminamos por la senda de la rectitud guiados por Sus principios divinos, recordemos que Dios, como "Al-Muqsit", es el Último Árbitro de la justicia, y Su juicio siempre está moderado por la misericordia y la compasión.

87. "AL-YAMI'", EL REUNIDOR

Dios, "Al-Yami'", El Reunidor, refleja el atributo divino de reunir y unificar todas las cosas. Este nombre demuestra Su poder para ensamblar diversos elementos, ya sean físicos, espirituales o emocionales, en perfecta armonía y coherencia. Reflexiona sobre el orden natural del universo, donde todo tiene su lugar y propósito, orquestado por la sabiduría de "Al-Yami'".

Para conectar con Él a través de este nombre, esfuérzate por cultivar la unidad y la armonía en tu vida y tus relaciones. Procura reparar las divisiones, reconciliar las diferencias y promover el entendimiento entre las personas. Abraza la inclusividad y respeta la diversidad, reconociendo que Dios, reúne a los corazones que están abiertos a Su guía. Al fomentar la unidad y la coherencia en tus acciones e intenciones, te alineas con Su plan divino y experimentas la belleza de Su gracia reunidora.

88. "AL-GHANIY", EL AUTOSUFICIENTE

Reflexionar sobre el nombre divino "Al-Ghaniy" nos invita a meditar sobre la absoluta autosuficiencia y riqueza de Dios. Este nombre subraya que Dios es completamente independiente, libre de cualquier necesidad o carencia. La inmensidad de Su provisión se manifiesta en cómo sostiene toda la creación sin requerir nada a cambio.

Para conectar con "Al-Ghaniy", es esencial cultivar un sentimiento de satisfacción y confianza en Sus provisiones. Esto implica reconocer que la verdadera riqueza no reside en las posesiones materiales o el estatus, sino en confiar únicamente en Dios. Al hacerlo, uno puede desprender el corazón de los apegos materiales y enfocarse en enriquecer la conexión espiritual con Él.

Reconocer la autosuficiencia de Dios y buscar depender únicamente de Él nos permite abrazar una profunda sensación de paz y plenitud que va más allá de las limitaciones de este mundo. En esta dependencia exclusiva de Dios, encontramos una fuente inagotable de fortaleza y serenidad.

89. "AL-MUGHNI", EL ENRIQUECEDOR

Dios, "Al-Mughni", El Enriquecedor, afirma el atributo divino de enriquecer y conceder abundancia a Su creación. Este nombre significa Su poder para elevar, proveer y enriquecer sin medida. Reflexiona sobre las bendiciones que Él otorga, desde el sustento hasta el crecimiento espiritual, elevándonos a estados superiores de plenitud. Para conectar con "Al-Mughni", busca Su enriquecimiento a través de la gratitud y la súplica sincera. Esfuérzate por utilizar tus bendiciones en beneficio de los demás, compartiendo la riqueza, el conocimiento y la bondad. Abraza la satisfacción y evita codiciar lo que otros poseen, sabiendo que el verdadero enriquecimiento solo proviene de Dios. Al reconocer Su papel como El Máximo Enriquecedor y alinear tus acciones con Su generosidad, abres tu corazón a bendiciones ilimitadas y al crecimiento espiritual.

90. "AL-MANI'", EL RETENEDOR

El nombre "Al-Mani'", El Retenedor, representa la protección y la guía de Dios. En Su sabiduría, Dios nos oculta ciertas cosas para protegernos del mal o para proporcionárnoslas en el momento oportuno. Del mismo modo que la semilla permanece latente en la tierra hasta que se dan las condiciones óptimas para su germinación, Dios, como El Retenedor, nos protege de daños espirituales o emocionales, aunque no lo comprendamos inmediatamente. Conectar con Dios a través de este nombre significa confiar en Su tiempo y sabiduría. Significa cultivar la paciencia y la gratitud, sabiendo que la retención de Dios es un acto de amor y misericordia, que nos guía hacia lo que es mejor para nuestro crecimiento espiritual. A través de la reflexión, la oración y la sumisión a Su voluntad, podemos profundizar nuestra conexión con Dios como El Retenedor, encontrando consuelo en Su protección y sabiduría en Su plan.

91. "AD-DARR", EL ANGUSTIADOR

El nombre "Ad-Darr", El Angustiador, nos enseña que Dios es la fuente de todos los acontecimientos, tanto si traen dificultades como alegrías. Conectar con Dios a través de este nombre es aceptar cada experiencia como Su plan, confiando en Su misericordia y sabiduría. Así como una tormenta puede cambiar el paisaje, los desafíos de Dios nos ayudan a fortalecernos. Este nombre nos recuerda Su control sobre cada parte de nuestras vidas, tanto en los buenos como en los malos momentos. Aceptar esto nos da fuerza, sabiendo que, incluso en tiempos difíciles, la sabiduría de Dios nos guía hacia la resistencia y el crecimiento. A través de la perseverancia, la confianza y la paciencia en Él, encontramos la paz en las tormentas de la vida, viendo cada prueba como una oportunidad para el crecimiento espiritual y la cercanía a nuestro Creador.

92. "AN-NAFI'", EL BENEFACTOR

El nombre "An-Nafi'", El Benefactor, demuestra la infinita generosidad y gracia de Dios. Significa Su papel como dador supremo de bendiciones y bondad. Al igual que la lluvia nutre la tierra, dando vida a las plantas y sustento a todas las criaturas, Dios nos colma de Su benevolencia, concediéndonos bendiciones tanto visibles como invisibles. Conectar con Dios a través de este nombre es reconocer y apreciar Sus innumerables favores que enriquecen nuestras vidas a diario. Es cultivar un corazón lleno de gratitud, reconociendo Su guía, provisión y protección. Al abrazar el agradecimiento y tratar de extender Sus bendiciones a los demás, profundizamos nuestra conexión con "El Benefactor'", alineando nuestras acciones con Su benevolencia divina y difundiendo Su luz en el mundo.

93. "AN-NOOR", LA LUZ

El nombre "An-Noor", La Luz, simboliza la iluminación y la guía de Dios. Conectar con Dios a través de este nombre significa buscar Su guía en cada aspecto de nuestras vidas, dejando que Su luz entre en nuestros corazones y mentes para despejar la confusión y la incertidumbre. Al igual que la luna ilumina las noches más oscuras, la luz de Dios atraviesa la ignorancia y la duda, conduciéndonos a la verdad y a la comprensión. A través de la oración, la reflexión y el aprendizaje, abrazamos el poder de "An-Noor", dejando que Su luz nos muestre el camino y nos inspire para compartirlo con los demás. Al encarnar la compasión, la sabiduría y la integridad, nos convertimos en fuentes de Su luz, guiando a los demás hacia la belleza y la verdad eternas de Su presencia.

94. "AL-HAADI", EL GUÍA

El nombre "Al-Haadi", El Guía, significa la guía divina que Dios proporciona para conducir a Sus creyentes por el camino correcto. Conectar con Dios a través de este nombre es buscar Su dirección en nuestra vida diaria, confiando en Su sabiduría para sortear los desafíos. Significa reconocer Su guía protectora en cada decisión, protegiéndonos del mal y conduciéndonos a buenos resultados. Al igual que el sol sale cada día para iluminar el mundo, Dios, como "Al-Haadi", nos guía a través de las pruebas de la vida, ayudándonos a encontrar la verdad y la paz. Siguiendo la guía de "Al-Haadi", comprendemos nuestro propósito y dirección, y avanzamos con confianza. En nuestro viaje por la vida, confiemos en Aquel que nos guía, sabiendo que Su camino conduce a la plenitud y la armonía.

95. "AL-BADI'", EL INCOMPARABLE ORIGINADOR

El nombre "Al-Badi'", El Incomparable Originador, es un reflejo de la impresionante creatividad y la inagotable innovación de Dios. Conectar con Dios a través de este nombre es asombrarse ante las maravillas de Su creación, desde las espectaculares vistas de la naturaleza hasta las complejidades del alma humana. Es reconocer Su técnica divina con reverencia y gratitud. Al igual que la diversidad de la vida en la Tierra, desde los elaborados patrones de las alas de una mariposa hasta la majestuosidad de una secuoya, muestra la inagotable creatividad de Dios como "El Incomparable Originador". Podemos ver Su incomparable capacidad para hacer surgir lo que antes no existía. Al cultivar un espíritu de creatividad e innovación en nuestras vidas personales, honramos a "Al-Badee'", aprovechando el potencial ilimitado que nos ha otorgado nuestro Creador.

96. "AL-BAAQI", EL ETERNO

El nombre "Al-Baaqi", El Eterno, es un testimonio de la eterna permanencia y resistencia de Dios. Conectar con Dios a través de este nombre es anclar nuestros corazones en la certeza de Su presencia infinita, encontrando consuelo en el conocimiento de que Su amor y misericordia perduran para siempre. Es comprender que solo Él es la verdadera fuente de plenitud y paz duraderas. Así como las estrellas siguen centelleando en el cielo nocturno y las montañas permanecen firmes, Dios, como "Al-Baaqi", trasciende todas las limitaciones, existiendo más allá de los confines del espacio y el tiempo. Al cultivar un sentido de admiración y reverencia por la naturaleza eterna de Dios, nos acercamos más a Su esencia divina.

97. "AL-WAARITH", EL HEREDERO

El nombre "Al-Waarith", El Heredero, representa la promesa divina de
continuidad y legado. Conectar con Dios a través de este nombre es
reconocernos como cuidadores de Su creación, a quienes se ha confiado la
responsabilidad de preservar y alimentar las bendiciones que Él nos ha
dado. Es cultivar un sentido de conciencia y gratitud por los dones de la
vida, el conocimiento y la fe, sabiendo que nuestras acciones dan forma al
legado que dejamos a las generaciones futuras. Al igual que el paso de una
antorcha mantiene viva la llama, Dios, como "Al-Waarith", asegura la
continuación eterna de Sus atributos divinos a través del tiempo. Vivir
según Su guía divina y esforzarnos por dejar un impacto positivo en el
mundo es honrar el legado de "El Heredero", garantizando que la luz de Su
verdad siga brillando a través de las generaciones, iluminando el camino de
todos los que buscan Su guía.

98. "AR-RASHEED", EL GUÍA

El nombre "Ar-Rasheed", El Guía, brilla con la sabiduría de la guía perfecta y la dirección divina de Dios. Conectar con Dios a través de este nombre es buscar Su guía en todos los aspectos de la vida, confiando en Su sabiduría incluso cuando el camino por delante parece poco claro. Es saber que cada decisión es una oportunidad para alinearnos con Su voluntad divina. Al igual que un faro guía a los barcos con seguridad a través de mares tormentosos, Dios, como "Ar-Rasheed", representa la guía sólida que nos conduce a través de las dificultades y preocupaciones de la vida. Al rendirnos a la sabiduría de "Ar-Rasheed", encontramos claridad y seguridad en Su guía perfecta. Mientras navegamos por los laberintos del viaje de la vida, abracemos cada momento con confianza y seguridad en Su dirección divina.

99. "AS-SABOOR", EL PACIENTE

El nombre "As-Saboor", El Paciente, irradia la serena fuerza de la ilimitada paciencia y el perdurable autocontrol de Dios. Conectar con Dios a través de este nombre es aplicar Su paciente resistencia ante la adversidad, confiando en Su plan divino incluso cuando los desafíos de la vida parecen abrumadores. Es cultivar un alma de paciencia y fortaleza, sabiendo que cada dificultad es una prueba de fe y una oportunidad para el crecimiento espiritual. Al igual que la suave corriente de un río va tallando la piedra con el paso del tiempo, Dios, como "As-Saboor", representa la resistencia que trasciende las pruebas y tribulaciones humanas. Al rendirnos a la voluntad de Dios, encontramos consuelo y fuerza en Su infinita paciencia y paz, sabiendo que Su misericordia lo abarca todo. Mientras navegamos por los flujos del viaje de la vida, esforcémonos por adoptar la paciencia de "As-Saboor", abrazando cada momento con paciencia y confianza en Su sabiduría divina.

Titulo original: 99 Nombres de Dios: Significado, Caligrafía y Color

Edición: David Orozco

Formato: Nafeesa Arshad

Prólogo: Shaij Furhan Zubairi

Autoras: Jannete Elgohary y Cintya Torres

INFORMES

Janneteelgohary@gmail.com

Made in the USA
Columbia, SC
16 July 2024